만만하게 시작하는
독학 일본어 초급

지은이 **박대화**는 고려대학교 일어일문학과를 졸업하고
일어교재 출판사에서 풍부한 경험을 쌓은 후,
지금은 일어교재 전문기획 프리랜서이면서 랭컴출판사 Enjc 스터디
(박준영, 김효상, 이소영, Michael Kim, Bruce Perkins)의 연구원으로서
일본어 학습서 기획 및 저술 활동에 힘쓰고 있다.

만만하게 시작하는
독학 일본어 초급

2021년 08월 15일 개정판 1쇄 발행
2023년 11월 10일 개정판 9쇄 발행

지은이 박대화
발행인 손건
편집기획 김상배, 장수경
마케팅 이언영, 유재영
디자인 이성세
제작 최승용
인쇄 선경프린테크

발행처 LanCom 랭컴
주소 서울시 영등포구 영신로34길 19
등록번호 제 312-2006-00060호
전화 02) 2636-0895
팩스 02) 2636-0896
홈페이지 www.lancom.co.kr

ⓒ 랭컴 2021
ISBN 979-11-89204-90-7 13730

만만하게
시작하는

독학
일본어
초급

저 길이 일본어회화
잘하는 길이냐?

박대화 지음 | 中村京子 원어감수

LanCom
Language & Communication

만만하게 시작하는 독학 일본어 초급은 총 15개의 Part로 구성되어 있으며, Part 1은 일상생활에 자주 쓰이는 인사표현을 중심으로 회화와 발음을 익히도록 구성하였습니다. Part 2에서 Part 15까지는 기초적인 문장을 통해 일본어 어법을 차근차근 단계별로 익혀나갈 수 있도록 다음과 같이 구성하였습니다.

Part 01 _____ 기본적인 인사표현을 통해 문자와 회화를 익힙니다.

Part 02 _____ 단정의 술어문과 조사 の의 용법을 익힙니다.

Part 03 _____ 생물과 무생물의 존재표현을 익힙니다.

Part 04 _____ 숫자 읽기와 연월일 익히며, です의 과거형을 익힙니다.

Part 05 _____ 상태나 성질을 나타내는 형용사의 기본적인 활용과 용법을 익힙니다.

Part 06 _____ 여러 가지 조사와 비교표현과 요구표현을 익힙니다.

Part 07 _____ 일본어 동사의 종류와 ます를 통한 기본적인 동사의 활용을 익힙니다.

Part 08 _____ 활용어에 접속조사 て(で)가 연결되는 활용의 형태를 익힙니다.

Part 09 _____ 진행과 상태의 표현, 요구를 나타내는 ~てください를 익힙니다.

Part 10 _____ 동사의 ます형 관련된 다양한 패턴을 익힙니다.

Part 11 _____ 동사의 て형 관련된 다양한 패턴과 ましょう, でしょう를 익힙니다.

Part 12 _____ 활용어의 과거형에 관련된 활용과 용법을 익힙니다.

Part 13 _____ 동사의 과거형에 관련된 다양한 패턴을 익힙니다.

Part 14 _____ 활용어의 부정형에 관련된 활용과 용법을 익힙니다.

Part 15 _____ 활용어에 부정형에 관련된 다양한 패턴을 익힙니다.

부   록 _____ 초급과정에서 반드시 익혀야 할 단어를 품사별로 마무리하게 됩니다.

🔵 단박에 파악되는 학습목표

- 각 Unit에서 익히게 될 핵심이 되는 제목입니다.
- 핵심 어법을 간단한 일본어 문장을 통해 한눈에 파악할 수 있습니다.
- 각 Unit에서 배워야 할 어법을 간략하게 소개하여 학습의 틀을 잡도록 하였습니다.

🔵 해설강의

일본어의 기본 뼈대를 하나씩 잡아주는 어법을 일본어 선생님이 강의하시는 것처럼 친절하게 설명하였습니다. 기본 해설강의를 잘 읽고 예문을 통해 제대로 이해를 했는지 점검하세요. 이렇게 차근차근 어법을 익혀나가면 자신도 모르는 사이에 일본어를 알아간답니다.

🔵 Word

어법 해설의 용례에 나오는 단어로 꼭 암기하고 넘어가세요.

생생토크 🔵

일본어의 뼈대잡기에 나와 있는 어법을 중심으로 현장감을 느낄 수 있도록 자연스런 대화로 구성되어 있습니다. 큰소리로 반복해서 읽어보고 일본인의 음성을 통해 정확한 발음을 익히도록 해봅시다. 발음에 어려움을 느끼는 분들을 위해 한글로 발음을 넣었습니다. 그러나 한글 음으로는 정확한 일본어 발음이 어려우므로 히라가나, 가타카나를 완전히 익힐 때까지만 참고하세요. 그리고 단어는 어학의 생명입니다. 그때그때 암기하고 넘어가세요.

Pattern Drill 🔵

각 Unit마다 핵심 어법을 패턴을 통해 제대로 익혔는지 확인하면서 학습할 수 있도록 하였습니다. 우리말 해석을 두어 해답편은 별도로 구성하지 않았으므로 잘 모르겠으면 해설강의를 몇 번이고 반복해서 공부하세요.

차 례

일본어의 특징

구어와 문어

현대 일본어는 크게 구어(口語)와 문어(文語)로 나뉩니다. 구어는 일상회화나 현대어로 쓰인 문장을 말합니다. 문어는 고어(古語)로 예부터 전해오는 문장체를 말하며, 현대어의 문법과는 다르고 어려운 한자를 많이 사용해 지금은 전통 시가(詩歌) 등에만 한정되어 쓰입니다.

표준어

일본에서도 지역, 계층에 관계없이 통용되는 말을 정하고 있는데, 이것을 표준어라고 합니다. 일본어의 표준어는 도쿄(東京)지방의 교양 있는 사람들이 쓰는 언어로 규정하고 있습니다.

음운 체계

우리말 구조와는 달리 일본어는 「1자음＋1모음」의 형식을 취하거나 「1모음」으로 구성되어 있습니다. 즉, 자음(子音)은 항상 모음(母音) 앞에서만 발음이 됩니다.

일본어의 어휘

일본어 어휘는 순수한 일본어인 고유어 이외에 외국에서 들어온 외래어가 있습니다. 고유어는 ひらがな로 표기하지만, 외래어는 カタカナ로 표기하여 고유어와 구별하고 있습니다. 그러나 중국에서 들어온 한자어휘는 요즘은 거의 외래어라는 의식이 희박하여 순수 일본어처럼 쓰이고 있습니다.

일본어의 문법

일본어의 어순(語順)은 우리말과 비슷하여 다른 외국어에 비해 배우기가 수월합니다. 일본어 문법은 우리말 문법과 마찬가지로 단수와 복수의 개념이 분명하지 않고 성(姓)의 구별이 없으며, 경어법의 발달과 용언의 활용 등을 들을 수 있습니다. 이 책에서는 현대어를 중심으로 하는 구어문법(口語文法)을 중심으로 하였습니다.

마침표

마침표를 일본어에서는 句点(くてん)이라고 하며 하나의 문(文)이 완전히 끝났을 때 우리는 마침표(.)로 표기하지만 일본어에서는 「。」로 표기합니다.

쉼표

쉼표를 일본어에서는 読点(とうてん)이라고 하며, 문(文)을 일단 중지하거나, 이어짐이 분명하지 않으면 완전히 의미가 달라진 곳에 쓰입니다. 가로쓰기일 경우에는 우리와 마찬가지로 「,」를 쓰지만, 세로쓰기의 경우는 「、」로 표기합니다. 그러나 일본어 표기는 주로 세로쓰기이므로 가로쓰기와 세로쓰기를 가리지 않고 모두 「、」로 표기하는 경우가 많습니다. 따라서 이 책에서도 「、」로 표기하였음을 밝혀둡니다.

띄어쓰기

일본어 표기법에서는 원칙적으로 띄어쓰기를 하지 않습니다. 그러나 어린이를 대상으로 하는 책이나 외국인을 위한 일본어 학습서 등에서는 학습자의 어법 이해를 돕기 위해 의도적으로 띄어쓰기를 합니다.

오쿠리가나

한자 옆에 붙여쓰는 かな를 おくりがな라고 하며, 그 말의 읽기를 분명히 나타내는 역할을 합니다. 즉, 行く의 く나, 小さい의 さい가 おくりがな입니다.

후리가나

일명 「루비」라고도 하며, 한자의 위나 아래, 또는 옆에 작은 글자로 그 발음을 표기한 것을 ふりがな라고 합니다. ふりがな는 어려운 한자나 어린이를 대상으로 하는 책, 또는 외국인을 위한 학습서 등에 붙이는 경우가 있지만, 일반 표기에서는 붙이지 않으므로 한자 읽는 법을 잘 숙지해야 합니다.

ひらがな

	あ단	い단	う단	え단	お단
あ행	あ 아 (a)	い 이 (i)	う 우 (u)	え 에 (e)	お 오 (o)
か행	か 카 (ka)	き 키 (ki)	く 쿠 (ku)	け 케 (ke)	こ 코 (ko)
さ행	さ 사 (sa)	し 시 (si)	す 스 (su)	せ 세 (se)	そ 소 (so)
た행	た 타 (ta)	ち 치 (chi)	つ 츠 (tsu)	て 테 (te)	と 토 (to)
な행	な 나 (na)	に 니 (ni)	ぬ 누 (nu)	ね 네 (ne)	の 노 (no)
は행	は 하 (ha)	ひ 히 (hi)	ふ 후 (hu)	へ 헤 (he)	ほ 호 (ho)
ま행	ま 마 (ma)	み 미 (mi)	む 무 (mu)	め 메 (me)	も 모 (mo)
や행	や 야 (ya)		ゆ 유 (yu)		よ 요 (yo)
ら행	ら 라 (ra)	り 리 (ri)	る 루 (ru)	れ 레 (re)	ろ 로 (ro)
わ행	わ 와 (wa)				を 오 (o)
	ん 응 (n,m,ng)				

カタカナ

	ア단	イ단	ウ단	エ단	オ단
ア행	ア 아 (a)	イ 이 (i)	ウ 우 (u)	エ 에 (e)	オ 오 (o)
カ행	カ 카 (ka)	キ 키 (ki)	ク 쿠 (ku)	ケ 케 (ke)	コ 코 (ko)
サ행	サ 사 (sa)	シ 시 (si)	ス 스 (su)	セ 세 (se)	ソ 소 (so)
タ행	タ 타 (ta)	チ 치 (chi)	ツ 츠 (tsu)	テ 테 (te)	ト 토 (to)
ナ행	ナ 나 (na)	ニ 니 (ni)	ヌ 누 (nu)	ネ 네 (ne)	ノ 노 (no)
ハ행	ハ 하 (ha)	ヒ 히 (hi)	フ 후 (hu)	ヘ 헤 (he)	ホ 호 (ho)
マ행	マ 마 (ma)	ミ 미 (mi)	ム 무 (mu)	メ 메 (me)	モ 모 (mo)
ヤ행	ヤ 야 (ya)		ユ 유 (yu)		ヨ 요 (yo)
ラ행	ラ 라 (ra)	リ 리 (ri)	ル 루 (ru)	レ 레 (re)	ロ 로 (ro)
ワ행	ワ 와 (wa)				ヲ 오 (o)
	ン 응 (n,m,ng))				

탁음
반탁음

濁音(だくおん)_ 탁음이란 청음에 비해 탁한 소리를 말하며, か(カ) さ(サ) た(タ) は(ハ)행의 글자 오른쪽 윗부분에 탁점「゛」을 붙인 음을 말합니다.

半濁音(はんだくおん)_반탁음은 は행의 오른쪽 윗부분에 반탁점(「゜」을 붙인 것을 말하며 우리말의 「ㅍ」과 「ㅃ」의 중간음으로 단어의 첫머리에 올 경우에는 「ㅍ」에 가깝게 발음하고 단어의 중간이나 끝에 올 때는 「ㅃ」에 가깝게 발음합니다.

	あ단	い단	う단	え단	お단
が행	が 가 (ga)	ぎ 기 (gi)	ぐ 구 (gu)	げ 게 (ge)	ご 고 (go)
ざ행	ざ 자 (za)	じ 지 (zi)	ず 즈 (zu)	ぜ 제 (ze)	ぞ 조 (zo)
だ행	だ 다 (da)	ぢ 지 (zi)	づ 즈 (zu)	で 데 (de)	ど 도 (do)
ば행	ば 바 (ba)	び 비 (bi)	ぶ 부 (bu)	べ 베 (be)	ぼ 보 (bo)
ぱ행	ぱ 파 (pa)	ぴ 피 (pi)	ぷ 푸 (pu)	ぺ 페 (pe)	ぽ 포 (po)

	ア단	イ단	ウ단	エ단	オ단
ガ행	ガ 가 (ga)	ギ 기 (gi)	グ 구 (gu)	ゲ 게 (ge)	ゴ 고 (go)
ザ행	ザ 자 (za)	ジ 지 (zi)	ズ 즈 (zu)	ゼ 제 (ze)	ゾ 조 (zo)
ダ행	ダ 다 (da)	ヂ 지 (zi)	ヅ 즈 (zu)	デ 데 (de)	ド 도 (do)
バ행	バ 바 (ba)	ビ 비 (bi)	ブ 부 (bu)	ベ 베 (be)	ボ 보 (bo)
パ행	パ 파 (pa)	ピ 피 (pi)	プ 푸 (pu)	ペ 페 (pe)	ポ 포 (po)

拗音(ようおん)_요음이란 い(イ)단 글자 중 자음인「き し ち に ひ み り ぎ じ び ぴ (キ シ チ ニ ヒ ミ リ ギ ジ ビ ピ)」에 반모음의 작은 글자「ゃ ゅ ょ(ャ ュ ョ)」를 붙인 음을 말합니다. 따라서「ゃ ゅ ょ(ャ ュ ョ)」는 우리말의「ㅑ ㅠ ㅛ」같은 역할을 합니다.

	~や ヤ	~ゆ ユ	~よ ヨ
きゃ행	きゃ キャ kya / 캬	きゅ キュ kyu / 큐	きょ キョ kyo / 쿄
しゃ행	しゃ シャ sha(sya) / 샤	しゅ シュ shu(syu) / 슈	しょ ショ sho(syo) / 쇼
ちゃ행	ちゃ チャ cha(tya) / 차(챠)	ちゅ チュ chu(tyu) / 추(츄)	ちょ チョ cho(tyo) / 초(쵸)
にゃ행	にゃ ニャ nya / 냐	にゅ ニュ nyu / 뉴	にょ ニョ nyo / 뇨
ひゃ행	ひゃ ヒャ hya / 햐	ひゅ ヒュ hyu / 휴	ひょ ヒョ hyo / 효
みゃ행	みゃ ミャ mya / 먀	みゅ ミュ myu / 뮤	みょ ミョ myo / 묘
りゃ행	りゃ リャ rya / 랴	りゅ リュ ryu / 류	りょ リョ ryo / 료
ぎゃ행	ぎゃ ギャ gya / 갸	ぎゅ ギュ gyu / 규	ぎょ ギョ gyo / 교
じゃ행	じゃ ジャ zya(ja) / 쟈(자)	じゅ ジュ zyu(ju) / 쥬(주)	じょ ジョ zyo(jo) / 죠(조)
びゃ행	びゃ ビャ bya / 뱌	びゅ ビュ byu / 뷰	びょ ビョ byo / 뵤
ぴゃ행	ぴゃ ピャ pya / 퍄	ぴゅ ピュ pyu / 퓨	ぴょ ピョ pyo / 표

발음

撥音(はつおん)_ 발음이란 「はねるおと」라고도 하며 오십음도의 마지막 글자인 「ん(ン)」을 말합니다. 「ん(ン)」은 단어의 첫머리에 올 수 없으며 항상 다른 글자 뒤에 쓰여 우리말의 받침과 같은 구실을 합니다. 따라서 「ん(ン)」 다음에 오는 글자의 영향에 따라 우리말의 「ㄴ(n), ㅁ(m), ㅇ(ng)」으로 소리가 납니다.

ㅇ ん(ン) 다음에 か が행의 글자가 이어지면 「ㅇ」으로 발음한다.

- えんき [엥끼] 연기
- ミンク [밍쿠] 밍크
- おんがく [옹가꾸] 음악
- カンガルー [캉가루-] 캥거루

ㄴ ん(ン) 다음에 さ ざ た だ な ら행의 글자가 이어지면 「ㄴ」으로 발음한다.

- かんし [칸시] 감시
- はんたい [한따이] 반대
- こんにち [곤니찌] 오늘(날)
- ナンセンス [난센스] 난센스
- ヒント [힌토] 힌트
- シンナー [신나-] 신나
- なんじ [난지] 몇 시
- ねんだい [넨다이] 연대
- しんらい [신라이] 신뢰
- エンジン [엔징] 엔진
- パンダ [판다] 팬더
- サンライズ [산라이즈] 선라이즈

ㅁ ん(ン) 다음에 ま ば ぱ행의 글자가 이어지면 「ㅁ」으로 발음한다.

- あんま [암마] 안마
- さんぽ [삼뽀] 산책
- アンバランス [암바란스] 언밸런스
- けんぶつ [켐부쯔] 구경
- ハンバーグ [함바-구] 햄버그
- テンポ [템포] 템포

ㅇ ん(ン) 다음에 あ は や わ행의 글자가 이어지면 「ㄴ」과 「ㅇ」의 중간음으로 발음한다. 또한 단어 끝에 ん이 와도 마찬가지이다.

- れんあい [렝아이] 연애
- でんわ [뎅와] 전화
- オンエア [옹에아] 온에어, 방송중
- オンワード [옹와-도] 온워드, 전진
- ほんや [홍야] 책방
- にほん [니홍] 일본
- シャンハイ [샹하이] 상하이
- デザイン [데자잉] 디자인

촉음

促音(そくおん)_촉음이란 막힌 소리의 하나로「つまるおと」라고도 하며, 우리말의 받침과 같은 역할을 하는 것을 말합니다. 즉, 촉음은 つ(ツ)를 작을 글자 っ(ッ)로 표기하여 다른 글자 밑에서 받침으로만 쓰입니다. 이 촉음은 하나의 음절을 갖고 있으며 뒤에 오는 글자의 영향에 따라 우리말 받침의「ㄱ ㅅ ㄷ ㅂ」으로 발음합니다.

ㄱ　촉음인 っ(ッ) 다음에 か き く け こ가 이어지면「ㄱ」으로 발음한다.

- けっか [켁까] 결과
- いっき [익끼] 단숨
- クッキング [쿡킹구] 쿠킹, 요리
- サッカー [삭카-] 사커, 축구

ㅅ　촉음인 っ(ッ) 다음에 さ し す せ そ가 이어지면「ㅅ」으로 발음한다.

- さっそく [삿소꾸] 속히, 재빨리
- ざっし [잣시] 잡지
- メッセージ [멧세-지] 메시지
- クッション [쿳숑] 쿠션

ㅂ　촉음인 っ(ッ) 다음에 ぱ ぴ ぷ ぺ ぽ가 이어지면「ㅂ」으로 발음한다.

- いっぱい [입빠이] 가득
- しっぽ [십뽀] 꼬리
- アップル [압푸루] 애플, 사과
- ヨーロッパ [요-롭파] 유럽

ㄷ　촉음인 っ(ッ) 다음에 た ち つ て と가 이어지면「ㄷ」으로 발음한다.

- きって [긷떼] 우표
- おっと [옫또] 남편
- ヒット [힏토] 히트
- タッチ [탇치] 터치

長音(ちょうおん)_장음이란 같은 모음이 중복될 때 앞의 발음을 길게 발음하는 것을 말합니다. 「カタカナ」에서는 장음부호를 「ー」로 표기합니다.

あ あ단에 모음 あ가 이어질 경우 뒤의 모음인 あ는 장음이 된다.

- おかあさん [오까-상] 어머니
- おばあさん [오바-상] 할머니
- ばあい [바-이] 경우
- スカート [스카-토] 스커트

い い단에 모음 い가 이어질 경우 뒤의 모음인 い는 장음이 된다.

- おじいさん [오지-상] 할아버지
- おにいさん [오니-상] 형님
- きいろい [기-로이] 노랗다
- タクシー [타쿠시-] 택시

う う단에 모음 う가 이어질 경우 뒤의 모음인 う는 장음이 된다.

- くうき [쿠-끼] 공기
- しゅうい [슈-이] 주위
- ふうふ [후-후] 부부
- スーパー [스-파-] 슈퍼

え え단에 모음 え나 い가 이어질 경우 뒤의 모음인 え い는 장음이 된다.

- おねえさん [오네-상] 누님, 누나
- えいが [에-가] 영화
- セーター [세-타-] 스웨터
- ケーキ [케-키] 케이크

お お단에 모음 お나 う가 이어질 경우 뒤의 모음인 お う는 장음이 된다.

- こおり [코-리] 얼음
- とうふ [토-후] 두부
- おとうさん [오또-상] 아버지
- コーヒー [코-히-] 커피

Part 01

인사표현 익히고
초급 들어가기

일본인의 인사 방법은 우리와 비슷한 점이 있으나 표현 방법에 있어서는 다른 점이 많으므로 주의해야 합니다. 말로만 인사를 할 때는 상대방이 친밀감을 느낄 수 있도록 밝고 친절한 목소리로 말해야 하며, 이 때 밝은 미소를 지으면 더욱 좋습니다. 말과 동작을 동시에 사용할 때는 고개와 허리를 굽히는데, 이때 허리를 굽히는 정도를 상대방과 비슷하게 하는 것이 좋으며, 상대방보다 먼저 허리를 펴면 실례가 됩니다.

おはよう ございます。　　　　　　안녕하세요.<아침인사>

오하요- 고자이마스

おはよう。　　　　　　　　　　　안녕.

오하요-

こんにちは。　　　　　　　　　　안녕하세요. <낮인사>

곤니찌와

こんばんは　　　　　　　　　　　안녕하세요. <저녁인사>

곰방와

Tip!

아침에 일어나서 점심때까지는 おはようございます라고 하며, 친구나 아랫사람이라면 おはよう라고 해
도 됩니다. 또, 낮부터 저녁때까지는 こんにちは라고 하며, 해가 지고 어두워지면 こんばんは라고 인사를
나눕니다. こんにちは와 こんばんは는 더 정중한 말이 없으므로 손윗사람이나 손아랫사람에게 모두 쓸
수 있으며, 여기서 は(하)는 「와」로 발음한다는 점의 주의합시다.

いってまいります。

다녀오겠습니다.

잇떼 마이리마스

いっていらっしゃい。

다녀오세요.

잇떼 이랏샤이

ただいま。

다녀왔습니다.

다다이마

おかえりなさい。

어서 오세요.

오까에리나사이

 Tip!

아침에 출근하거나 등교할 때, 또는 외출할 때 하는 인사로 보내는 사람이 いっていらっしゃい라고 하면, 상대는 いってまいります라고 응답을 하며, 가볍게 말할 때는 いってきます(다녀올게요)라고 합니다. 또한 집에 돌아왔을 때는 ただいま라고 인사를 하면 안에 있는 사람은 おかえりなさい라고 인사를 하며, 손아랫사람에게 친근하게 말하고 싶을 때는 おかえり라고 말해도 됩니다.

03 고마움을 표시할 때

ありがとう ございます.　　　고맙습니다.
아리가또- 고자이마스

どういたしまして.　　　천만에요.
도- 이따시마시떼

どうも ありがとう.　　　무척 고마워요.
도-모 아리가또-

いろいろと ありがとう ございました.　여러모로 고마웠습니다.
이로이로또 아리가또- 고자이마시다

Tip!

상대가 손아랫사람이나 친근한 사이일 경우에 고마움을 표할 때는 ありがとう라고 하며, 가볍게 말할 때는 どうも(매우, 무척)만으로도 가능합니다. 물론 정중하게 고마움을 표시할 때는 ありがとうございます라고 하며, 이에 대한 응답 표현으로는 どういたしまして(천만에요)와 こちらこそ(저야말로) 등이 있습니다.

04 미안함을 나타낼 때

すみません。

미안합니다.

스미마셍

だいじょうぶです

괜찮습니다.

다이죠-부데스

どうも すみませんでした。

대단히 죄송했습니다.

도-모 스미마셴데시다

いいんですよ。

괜찮아요.

이인데스요

 Tip!

すみません은 자신의 잘못이나 실수를 가볍게 사과를 할 때 쓰이는 인사 표현으로 발음을 줄여서 간편하게 すいません이라고도 하며, 남자들 사이에서는 거칠게 すまん이라고도 합니다. 또한 가볍게 말할 때는 どうも(매우, 무척)만으로도 가능합니다. 이에 대한 응답은 보통 だいじょうぶです, いいんですよ(괜찮아요)라고 하면 됩니다.

25

05 오랜만에 만났을 때

やあ、ひさしぶりだね。
야- 히사시부리다네

야, 오랜만이야.

おひさしぶりですね。
오히사시부리데스네

오랜만입니다.

しばらくでした。
시바라꾸데시다

오래간만입니다.

ごぶさたいたしました。
고부사따 이따시마시다

오랫동안 뵙지 못했습니다.

 Tip!

しばらくは「잠시, 잠깐」의 뜻과「얼마 동안, 한참 동안」을 뜻하는 부사어로, 단독으로 쓰일 때는「오
래간만」이라는 인사말로 쓰입니다. 정중하게 표현할 때는 しばらくですね라고 하면 됩니다. ひさし
ぶり도 しばらく와 마찬가지로 오랜만에 만났을 때 쓰이는 인사말로 しばらく보다는 다소 오랫동안
만나지 못했을 때 쓰입니다.

녹음을 듣고 소리내어 읽어보세요

またね！
마따네

또 보자!

じゃあね！
쟈-네

그럼 또 보자!

おやすみなさい。
오야스미나사이

안녕히 주무세요.

さようなら。
사요-나라

안녕히 가세요(계세요).

 Tip!

밤에 헤어질 때는 おやすみなさい를 사용하며, さようなら는 아주 헤어지는 느낌을 주므로 가까운 사이나 자주 만나는 사이라면 좀처럼 쓰지 않습니다. 대신 じゃ, またね 등이 일상적인 작별 인사로 많이 쓰이며, 어린이들 사이에서는 バイバイ라고 합니다.

안부를 물을 때

おげんきでしたか。

잘 지내셨습니까?

오겡끼데시다까

おかげさまで げんきです。

덕분에 잘 지냈습니다.

오까게사마데 겡끼데스

おかわりありませんか。

별고 없으십니까?

오까와리 아리마셍까

あいかわらずです。

여전합니다.

아이까와라즈데스

 Tip!

일본 영화를 통해 익히 들어 알고 있는 おげんきですか는 「잘 지내십니까?」의 뜻으로 상대의 안부를 물을 때 주로 쓰이는 인사말입니다. 친한 친구 사이라면 げんき?로도 충분하며, 이에 대한 격식 차린 응답 표현으로는 おかげさまで(덕분에)와 あいかわらずです 등이 있습니다.

녹음을 듣고 소리내어 읽어보세요

みなさんに よろしく。

미나산니 요로시꾸

모두에게 안부 전해주세요.

じゃ、 げんきで さようなら。

쟈　　겡끼데 사요-나라

그럼, 안녕히 계세요.

おとうさんに どうぞ よろしく おつたえください。

오또-산니 도-조 요로시꾸 오쓰따에 구다사이

아버님께 안부 전해 주십시오.

きむらに よろしく いって おいてね。

기무라니 요로시구 잇떼 오이떼네

기무라에게 안부 전해줘.

 Tip!

~に よろしく おつたえください(~에게 잘 안부 전해 주십시오)는 헤어지면서 다른 상대의 안부를 전할 때 쓰이는 표현으로 보통 간편하게 줄여서 ~に よろしく라고 합니다.

09 처음 만났을 때

はじめまして。　　　　　　　　　　　처음 뵙겠습니다.
하지메마시떼

はじめまして。どうぞよろしく。　　처음 뵙겠습니다. 잘 부탁합니다.
하지메마시떼　　　　　도-조 요로시꾸

どうぞ よろしく おねがいいたします。 잘 부탁드립니다.
도-조 요로시꾸 오네가이이따시마스

おめに かかれて うれしいです。　　뵙게 되어 반갑습니다.
오메니카까레떼 우레시-데스

Tip!

일본인과 처음 만났을 때는 사생활을 자세히 물어보거나 스킨십을 하는 것은 피하는 게 좋습니다. 그것은 악수보다는 고개를 숙여 절을 하는 인사에 익숙하기 때문입니다. 초면 인사로는 はじめまして가 있습니다. 이에 상대방도 마찬가지로 자신의 이름을 말하고 특별히 부탁할 것이 없어도 습관적으로 どうぞ よろしく라고 합니다.

10 방문할 때

 녹음을 듣고 소리내어 읽어보세요

ごめんください。 고멩쿠다사이	실례합니다.
いらっしゃいませ。 이랏샤이마세	어서 오십시오.
おじゃまいたします。 오쟈마이따시마스	실례하겠습니다.
よく いらっしゃいました。 요꾸 이랏샤이마시다	잘 오셨습니다.

Tip!

ごめんください는 본래 사죄를 할 때 쓰이는 말이지만, 남의 집의 현관에서 안에 있는 사람을 부를 때도 쓰입니다. 상대가 집안으로 들어오길 권할 때는 おじゃまではありませんか(실례가 되지 않겠습니까?)라고 정중하게 인사를 하고 들어갑시다.

11 식사를 할 때

いただきます。 이따다끼마스	잘 먹겠습니다.
どうぞ。 도-조	자, 드세요.
ごちそうさまでした。 고찌소-사마데시다	잘 먹었습니다.
おそまつさまでした。 오소마쯔사마데시다	변변치 못했습니다.

 Tip!

요리가 나오고 식사를 하기 전에는 음식을 만든 사람에게 감사의 뜻으로 いただきます라고 하며, 식사하기를 권유할 때는 영어의 please와 비슷한 どうぞ라는 표현을 씁니다. 식사를 다 마쳤을 때는 ごちそうさまでした라고 하며, 줄여서 ごちそうさま라고도 합니다.

12 축하와 환영을 할 때

おめでとう。   축하해요.
오메데또-

ーーーーーーーーーーーーーー

おめでとう ございます。   축하드립니다.
오메데또- 고자이마스

ーーーーーーーーーーーーーー

いらっしゃい。   어서 오세요.
이랏샤이

ーーーーーーーーーーーーーー

ようこそ。   잘 오셨습니다.
요-꼬소

 Tip!

친근한 사이라면 おめでとう라고 해도 무방하지만, 정중하게 말할 때는 ございます를 덧붙여 おめでとう ございます라고 해야 하며, 이에 대한 응답으로는 ありがとう나 おかげさまで로 하면 됩니다. 또한 방문자를 환영할 때는 よく いらっしゃいました나 おいでくださいました를 생략하여 ようこそ만으로도 쓰입니다.

일본어 품사

문절을 직접 구성하는 단위를 단어라고 합니다. 모든 단어를 문법상의 성질에 따라서 분류해 놓은 것이 품사로 단어를 어떻게 사용해서 어떠한 문절을 만드는 것인지 분류해 놓은 것이 품사입니다. 현재 일본 학교문법에서 쓰이는 일반적 품사분류는 다음과 같이 기능별로 10품사가 있습니다.

① 명사 : 활용을 하지 않으며 주어가 됩니다.
  やま(산) 田中(사람 이름) わたし(나)

② 연체사 : 활용하지 않으며 주어가 되지 못하고 명사를 수식합니다.
  この(이) ある(어느) あらゆる(모든)

③ 부사 : 활용을 하지 않으며 주어가 되지 못하고 용언(활용을 하는 품사)을 수식합니다.
  どうも(매우) どうぞ(부디) あまり(그다지)

④ 접속사 : 활용이 없으며 문장과 문장을 이어주는 역할을 합니다.
  そして(그리고) それから(그리고 나서) しかし(그러나)

⑤ 감동사 : 활용을 하지 못하고 독립어가 됩니다.
  ああ(아) はい(네) いいえ(아니오)

⑥ 동사 : 활용하며 술어가 됩니다.
  行く(가다) 来る(오다) する(하다)

⑦ 형용사 : 활용하며 술어가 되며 성질이나 상태를 나타냅니다.
  白い(하얗다) 高い(높다) 易しい(쉽다)

⑧ 형용동사 : 활용하며 술어가 되며 성질이나 상태를 나타내는 점에서는 형용사와 동일하지만, 활용이 다릅니다.
  静かだ(조용하다) きれいだ(깨끗하다) 便利だ(편하다)

⑨ 조동사 : 부속어로 활용을 합니다.
  です(~입니다) ます(~ㅂ니다) ない(~않다)

⑩ 조사 : 부속어로 활용을 하지 않습니다.
  が(~이, 가) は(~은, 는) も(~도)

Part 02

단정표현
です 익히기

~は~です로 표현되는 형식을 말합니다. 여기서는 정
중한 단정을 나타내는 です의 용법과 명사와 명사 사이
의 관계를 나타내는 조사 の의 용법, 사물을 열거할 때
쓰이는 조사 も의 용법을 중점으로 배웁니다.

긍정문과 의문문

고 레 와　혼 데 스
これは ほんです。
이것은　　　책입니다.

📢 정중하게 단정을 나타낼 때는 です로 표현하고 의문을 나타낼 때는 ですか로 표현합니다.

● ~は ~은(는)

は는 우리말의 「~은(는)」에 해당하는 조사로 명사에 접속하여 주제에 대한 설명을 나타냅니다. 또한 본래의 발음은 「ha(하)」이지만 조사로 쓰일 때는 반드시 「wa(와)」로 발음합니다.

● ~です ~입니다

です는 우리말의 「~입니다」에 해당하는 말로 명사 및 그에 준하는 말에 접속하여 정중하게 단정을 나타냅니다.

これは ほんです。 이것은 책입니다.
고레와 혼데스

それは えんぴつです。 그것은 연필입니다.
소레와 엠삐쯔데스

● ~ですか ~입니까?

です에 의문이나 질문을 나타내는 종조사 か를 접속한 ~ですか는 우리말의 「~입니까」의 뜻이 되며, 의문문에는 「?」로 표기하지 않고 마침표 「。」를 쓴다는 점이 우리와 표기법에 차이가 있습니다.

あれは つくえですか。 저것은 책상입니까?
아레와 쓰꾸에데스까

それは いすですか。 그것은 의자입니까?
소레와 이스데스까

Word ....

ほん(本) 책　えんぴつ(鉛筆) 연필　つくえ(机) 책상　いす(椅子) 의자

A **これは ほんですか。**
　고레와 혼데스까

B **はい、それは ほんです。**
　하이　　　소레와 혼데스

A **あれは くるまですか。**
　아레와 구루마데스까

B **はい、あれは くるまです。**
　하이　　　아레와 구루마데스

A　이것은 책입니까?
B　네, 그것은 책입니다.
A　저것은 차입니까?
B　네, 저것은 차입니다.

はい
네(긍정의 대답)

くるま
자동차

지시대명사

사물을 가리키는 지시대명사는 사물의 멀고 가까움에 따라 구분합니다.

근 칭	중 칭	원 칭	부정칭
これ 이것	**それ** 그것	**あれ** 저것	**どれ** 어느 것

Pattern Drill

✱ 보기처럼 주어진 말을 우리말 뜻에 맞게 의문문으로 바꿔보세요.

보기

これは本んです。　　　이것은 책입니다.
→ **これは本ですか。**　　　이것은 책입니까?

① **これは鉛筆です。**　　→ ＿＿＿＿＿＿＿＿＿＿＿＿＿ 。
　　　　　　　　　　　　　이것은 연필입니까?

② **それはボールペンです。**　→ ＿＿＿＿＿＿＿＿＿＿＿＿＿ 。
　　　　　　　　　　　　　그것은 볼펜입니까?

③ **あれはつくえです。**　→ ＿＿＿＿＿＿＿＿＿＿＿＿＿ 。
　　　　　　　　　　　　　저것은 책상입니까?

02 부정문

소 레 와　노 ー 토 데 와 아 리 마 셍
<u>それは</u> <u>ノートでは ありません</u>。
그것은　　　　　　　　노트가 아닙니다.

📢 です의 부정형은 では ありません이며, 줄여서 じゃ ありません이라고도 합니다.

● ～では ありません ~이(가) 아닙니다

では ありません은 정중한 단정을 나타내는 です의 부정형으로 우리말의 「~이(가) 아닙니다」의 뜻으로 단정을 정중하게 부정하는 표현입니다. 또한 의문이나 질문을 나타내는 종조사 か를 접속하면 「~이(가) 아닙니까?」의 뜻이 됩니다.

これは まんがでは ありません。
고레와 망가데와 아리마셍
이것은 만화가 아닙니다.

それは じしょでは ありませんか。
소레와 지쇼데와 아리마셍까
그것은 사전이 아닙니까?

● ～じゃ ありません ~이(가) 아닙니다

정중한 단정을 나타내는 です의 부정형인 では ありません의 では는 회화에서는 じゃ로 줄여서 じゃ ありません로 표현하는 것이 일반적입니다.

これは ざっしじゃ ありません。
고레와 잣시쟈 아리마셍
이것은 잡지가 아닙니다.

あれは じてんしゃじゃ ありませんか。
아레와 지뗸샤쟈 아리마셍까
저것은 자전거가 아닙니까?

Word ·

まんが(漫画) 만화　じしょ(辞書) 사전　ざっし(雑誌) 잡지　じてんしゃ(自転車) 자전거

A **これは ノートですか。**
　고레와 노-토데스까

B **いいえ、それは ノートでは ありません。**
　이-에　　　소레와 노-토데와 아리마셍

A **それは ざっしですか。**
　소레와 잣시데스까

B **いいえ、これは ざっしじゃ ありません。まんがです。**
　이-에　　　고레와 잣시쟈 아리마셍　　　　　　　　망가데스

<table>
<tr><td>でんわ(電話)</td></tr>
<tr><td>전화</td></tr>
<tr><td>いいえ</td></tr>
<tr><td>아니오</td></tr>
<tr><td>(부정의 대답)</td></tr>
</table>

A　이것은 노트입니까?

B　아니오, 그것은 노트가 아닙니다.

A　그것은 잡지입니까?

B　아니오, 이것은 잡지가 아닙니다. 만화입니다.

Pattern Drill

✱ 보기처럼 주어진 말을 우리말 뜻에 맞게 부정문으로 바꿔보세요.

보기

これは本です。　　　　　　이것은 책입니다.

→　これは本ではありません。　이것은 책이 아닙니다.

① これは雑誌です。　　　→ ＿＿＿＿＿＿＿＿＿＿＿＿＿＿＿。
　　　　　　　　　　　　　이것은 잡지가 아닙니다.

② それは椅子です。　　　→ ＿＿＿＿＿＿＿＿＿＿＿＿＿＿＿。
　　　　　　　　　　　　　그것은 의자가 아닙니다.

③ あれは車です。　　　　→ ＿＿＿＿＿＿＿＿＿＿＿＿＿＿＿。
　　　　　　　　　　　　　저것은 차가 아닙니다.

39

03 명사의 연결

아 레 와 다 나 까 산 노 구 루 마 데 스
あれは たなかさんの くるまです。
저것은   다나카 씨(의)   차입니다.

📢 명사와 명사 사이를 연결할 때는 の를 삽입하여 소유나 관계 등을 나타냅니다.

● ~の ~의

の는 우리말의 「~의」에 해당하는 조사입니다. 「명사＋の＋명사」의 형태로 뒤의 명사가 어떤 것인가를 나타냅니다. 우리말의 경우는 명사와 명사 사이의 조사 「~의」가 「내(나의) 시계」처럼 생략되는 경우가 많으나 일본어에서는 보통 생략하지 않습니다.

これは わたしの ぼうしです。
고레와 와따시노 보-시데스
이것은 내 모자입니다.

それは たなかさんの めがねですか。
소레와 다나까산노 메가네데스까
그것은 다나카 씨 안경입니까?

● 인칭대명사

わたし는 우리말의 「저, 나」에 해당하는 1인칭대명사로 아주 정중하게 말할 때는 わたくし라고 하며, 친한 남자들 사이에서는 ぼく(나)라고 합니다. あなた는 「당신」에 해당하는 2인칭대명사로 우리말의 「너, 자네」에 해당하는 말은 きみ가 있습니다.

わたしは かんこくじんでは ありません。
와따시와 캉꼬진데와 아리마셍
나는 한국인이 아닙니다.

あなたは にほんじんですか。
아나따와 니혼진데스까
당신은 일본인입니까?

Word ....

わたし(私) 나, 저   **ぼうし(帽子)** 모자   **めがね(眼鏡)** 안경   **かんこくじん(韓国人)**
한국인   **にほんじん(日本人)** 일본인

A それは あなたの かさですか。
소레와 아나따노 카사데스까

B いいえ、これは わたしの かさじゃ ありません。
이-에   고레와 와따시노 카사쟈 아리마셍

A あれは たなかさんの くるまですか
아레와 다나카산노 구루마데스까

B はい、あれは たなかさんの くるまです。
하이   아레와 다나카산노 구루마데스

あなた	당신
かさ（傘）	우산
たなか（田中）	일본인의 성씨
~さん	~씨, 님

A 그것은 당신의 우산입니까?
B 아니오, 이것은 내 우산이 아닙니다.
A 저것은 다나카 씨 차입니까?
B 네, 저것은 다나카 씨 차입니다.

Pattern Drill

✿ 보기처럼 주어진 말을 우리말 뜻에 맞게 문장을 완성해보세요.

<보기>

わたし / 本   나 / 책

→ これはわたしの本です。   이것은 내 책입니다.

① 木村さん / かばん   → _____ 。
   (き む ら)
                        이것은 기무라 씨 가방입니다.

② 先生 / 万年筆   → _____ 。
   (せんせい) (まんねんひつ)
                        그것은 선생님 만년필입니다.

③ あなた / 自転車   → _____ 。
   (じ てんしゃ)
                        저것은 당신 자전거입니까?

41

고 레 와 다 나 까 산 노 데 스
これは たなかさんのです。

이것은   다나카 씨 것입니다.

📢 앞에서 배운 조사 の는 같은 명사의 반복을 피하기 위해 명사 대용으로도 쓰입니다.

● **~のです** ~것입니다

の는 앞서 배운 명사와 명사 사이에서 관계를 나타낼 뿐만 아니라, 체언 및 그에 준하는 말에 접속하여 「~의 것」의 뜻으로 소유를 나타내는 준체언적인 용법으로도 쓰입니다. 즉, の는 ~の もの (~의 것)의 대용으로 쓰인 것입니다.

この かばんは よしむらさんのです。 이 가방은 요시무라 씨 것입니다.
고노 가방와 요시무라산노데스

この ノートは あなたのですか。 이 노트는 당신 것입니까?
고노 노-토와 아나따노데스까

この ボールペンは わたしのでは ありません。 이 볼펜은 내 것이 아닙니다.
고노 보-루펭와 와따시노데와 아리마셍

● **연체사**

연체사(連体詞)란 명사 앞에서만 쓰이는 말입니다.

근 칭	중 칭	원 칭	부정칭
この 이	**その** 그	**あの** 저	**どの** 어느

この でんたくは きむらさんのです。 이 전자계산기는 기무라 씨 것입니다.
고노 덴따꾸와 기무라산노데스

この てぶくろは やまださんのですか。 이 장갑은 야마다 씨 것입니까?
고노 데부꾸로와 야마다산노데스까

Word ·

かばん 가방　　ノート 노트, 공책　　ボールペン 볼펜　　でんたく(電卓) 전자계산기
てぶくろ(手袋) 장갑

A これは きむらさんの くつですか。
고레와 기무라산노 구쯔데스까

B いいえ、わたしのじゃありません。 たなかさんのです。
이-에   와따시노쟈 아리마셍   다나까산노데스

A それは なんですか。
소레와 난데스까

B はい、これは にほんの きってです。
하이   고레와 니혼노 깃떼데스

A 이것은 기무라 씨 구두입니까?

B 아니오, 내 것이 아닙니다. 다나카 씨 것입니다.

A 그것은 무엇입니까?

B 네, 이것은 일본 우표입니다.

きむら(木村) 일본인의 성씨	
なん(何) 무엇	
にほん(日本) 일본	
きって(切手) 우표	

Pattern Drill

★ 보기처럼 주어진 말을 우리말 뜻에 맞게 바꿔보세요.

보기

この鉛筆はわたしの鉛筆です。　　　이 연필은 내 연필입니다.

→ この鉛筆はわたしのです。　　　이 연필은 내 것입니다.

① この傘はわたしの傘です。　　　→ _____ 。
　　　　　　　　　　　　　　　　　이 우산은 내 것입니다.

② この時計はあなたの時計ですか。　→ _____ 。
　　　　　　　　　　　　　　　　　이 시계는 당신 것입니까?

③ この靴下は私の靴下ではありません。→ _____ 。
　　　　　　　　　　　　　　　　　이 양말은 내 것이 아닙니다.

고 레 모　혼 데　　아 레 모　혼 데 스
これも ほんで、 あれも ほんです。
이것도　　　　책이고　　　　저것도　　　　책입니다.

📢 두 문장을 하나로 이을 때는 ~で、~です의 형태로 나타냅니다.

● ~で、 ~です ~이고 ~입니다

で는 우리말의 「~이고, ~이며」에 해당하며, 정중한 단정을 나타내는 です의 중지형으로 성질이 다른 앞뒤의 문장을 나열해주는 역할을 하기도 하고, 앞의 문장이 뒤의 문장의 원인이나 설명이 되는 경우에도 쓰입니다.

これは ボールペンで、あれは ノートです。
고레와 보−루펜데　　　　　아레와 노−토데스
이것은 볼펜이고, 저것은 노트입니다.

これは テレビで、あれは コンピューターです。
고레와 테레비데　　　　　아레와 콤퓨−타−데스
이것은 텔레비전이고, 저것은 컴퓨터입니다.

● ~も ~도

も는 우리말의 「~도」에 해당하는 조사로, 같은 종류 중에서 하나를, 또는 같은 것을 몇 가지 열거할 때, 두 가지 이상을 열거할 때는 ～も ～も ～です의 형태로 씁니다.

この カメラも きむらさんのですか。
고노 카메라모 기무라산노데스까
이 카메라도 기무라 씨 것입니까?

この かたも あの かたも にほんの かたですか。
고노 카따모 아노 카따모 니혼노 가따데스까
이 분도 저 분도 일본 분입니까?

Word ....

テレビ 텔레비전　コンピューター 컴퓨터　カメラ 카메라　~かた(方) ~분

A きむらさんは だいがくせいですか。
기무라상와 다이각세-데스까

B はい、そうです。
하이　　소-데스

A では、あの かたも だいがくせいですか。
데와　　아노 가따모 다이각세-데스까

B いいえ、そうじゃ ありません。
이-에　　소-쟈 아리마셍

かいしゃいんで、かんこくじんです。
카이샤인데　　　　　캉꼬꾸진데스

だいがくせい	
(大学生)	
대학생	
かいしゃいん	
(会社員)	
회사원	

A 기무라 씨는 대학생입니까?
B 네, 그렇습니다.
A 그럼, 저분도 대학생입니까?
B 아니오, 그렇지 않습니다.
　 회사원이며, 한국사람입니다.

Pattern Drill

★ 보기처럼 우리말 뜻에 맞게 두 문장을 하나로 만들어보세요.

보기

これは鉛筆_{えんぴつ}です / あれはボールペンです　이것은 연필입니다 / 저것은 볼펜입니다

→ これは鉛筆で、あれはボールペンです。　이것은 연필이고 저것은 볼펜입니다.

① これは車_{くるま}です / あれは自転車_{じてんしゃ}です → _____ 。
　　　　　　　　　　　　　　　　　　　　　이것은 차이고 저것은 자전거입니다.

② これはカメラです / キムさんのです → _____ 。
　　　　　　　　　　　　　　　　　　　이것은 카메라이고 김씨 것입니다.

③ あの人_{ひと}は韓国人_{かんこくじん}です / 学生_{がくせい}です → _____ 。
　　　　　　　　　　　　　　　　　　　저 사람은 한국인이고 학생입니다.

사람과 물건을 가리키는 말

わたし [와따시] 나, 저

あなた [아나따] 당신

かのじょ [카노죠] 그녀

かれ [카레] 그, 그이

このひと [고노히또] 이 사람

あのひと [아노히또] 저 사람

これ [고레] 이것

あれ [아레] 저것

Part
03

존재표현
あります 익히기

일본어에서 존재 표현은 우리말과는 달리 동작성의 유무에 따라 사물의 존재를 나타낼 때는 あります로 표현하고, 동작성이 있는 생물의 존재를 나타낼 때는 います를 씁니다. 여기서는 あります(います)의 부정형, 과거형, 과거부정형을 배우게 됩니다.

01 사물과 생물의 존재

링 고 와 이 츠 쯔 아 리 마 스
りんごは いつつ あります。
사과는　　　다섯 개　　　있습니다.

📢 あります는 무생물의 존재, います는 생물의 존재를 나타냅니다.

● あります 있습니다

あります는 사물이나 식물 등, 동작성이 없는 것의 존재를 나타낼 때 쓰이는 말로 우리말의 「있습니다」에 해당하며, 보통체는 ある(있다)입니다. 조사 に는 존재하는 장소를 나타낼 때 쓰이며 우리말의 「~에」에 해당합니다.

テーブルの うえに りんごが あります。
테-부루노 우에니 링고가 아리마스
테이블 위에 사과가 있습니다.

つくえの うえに なにが ありますか。
쓰꾸에노 우에니 나니가 아리마스까
책상 위에 무엇이 있습니까?

● います 있습니다

います는 あります와 마찬가지로 존재를 나타내는 점에서는 동일하지만, 동작성이 있는 사람이나 동물 따위와 같은 생물의 존재를 나타낼 때 쓰입니다. 우리말에는 존재를 나타내는 말이 하나밖에 없지만, 일본어에는 두 가지 표현이 있으므로 유의해야 합니다. 보통체는 いる(있다)입니다.

へやの なかに こどもたちが います。
헤야노 나까니 고도모타찌가 이마스
방 안에 어린이들이 있습니다.

きょうしつの なかには だれが いますか。
쿄-시쯔노 나까니와 다레가 이마스까
교실 안에는 누가 있습니까?

Word ....

テーブル 테이블, 식탁　**うえ(上)** 위　**りんご** 사과　**へや(部屋)** 방　**なか(中)** 안, 속
こども(子供) 어린이　**きょうしつ(教室)** 교실

48

A **テーブルの うえに りんごは いくつ ありますか。**
테-부로노 우에니 링고와 이꾸쯔 아리마스까

B **りんごは いつつ あります。**
링고와 이츠쯔 아리마스

A **では、へやの なかに だれが いますか。**
데와　　헤야노 나까니 다레가 이마스까

B **へやの なかには こどもが います。**
헤야노 나까니와 고도모가 이마스

> いくつ
> 몇 개
>
> だれ（誰）
> 누구

A 테이블 위에 사과는 몇 개 있습니까?
B 사과는 다섯 개 있습니다.
A 그럼, 방 안에 누가 있습니까?
B 방 안에는 어린이가 있습니다.

Pattern Drill

★ 보기처럼 주어진 말을 우리말 뜻에 맞게 문장을 완성해보세요.

> 보기
>
> <ruby>車<rt>くるま</rt></ruby>は<ruby>車庫<rt>しゃこ</rt></ruby>の<ruby>中<rt>なか</rt></ruby>に　　　차는 차고 안에
> → 車は車庫の中にあります。　　　차는 차고 안에 있습니다.

① かばんの<ruby>中<rt>なか</rt></ruby>に<ruby>本<rt>ほん</rt></ruby>が
→ ＿＿＿＿＿＿＿＿＿＿＿＿＿＿＿。
가방 안에 책이 있습니다.

② <ruby>教室<rt>きょうしつ</rt></ruby>に<ruby>学生<rt>がくせい</rt></ruby>が
→ ＿＿＿＿＿＿＿＿＿＿＿＿＿＿＿。
교실에 학생이 있습니다.

③ テーブルの<ruby>上<rt>うえ</rt></ruby>に<ruby>何<rt>なに</rt></ruby>が
→ ＿＿＿＿＿＿＿＿＿＿＿＿＿＿＿。
테이블 위에 무엇이 있습니까?

02

존재의 부정

へやの なかには だれも いません。
방   안에는   아무도   없습니다.

📢 사물(생물)의 존재를 나타내는 あります(います)의 부정형은 ありません(いません)입니다.

● **ありません** 없습니다

ありません은 사물의 존재를 나타내는 あります의 부정형으로 우리말의 「없습니다」에 해당하며,
보통체는 ない(없다)입니다.

つくえの うえには なにも ありません。 책상 위에는 아무 것도 없습니다.
쓰꾸에노 우에니와 나니모 아리마셍

つくえの うえに まんねんひつは ありませんか。 책상 위에 만년필은 없습니까?
쓰꾸에노 우에니 만넹히쯔와 아리마셍까

● **いません** 없습니다

동작성이 있는 생물의 존재를 나타내는 います의 부정형은 いません(없습니다)이고, 보통체는 いな
い(없다)입니다.

へやの なかに おとなは いません。 방 안에 어른은 없습니다.
헤야노 나까니 오또나와 이마셍

きょうしつの なかに せんせいは いませんか。 교실 안에 선생님은 없습니까?
교-시쯔노 나까니 센세-와 이마셍까

● **~に, ~と, ~が** ~에, ~와(과), ~이(가)

に는 우리말의 「~에」에 해당하는 조사로 사물이나 생물이 존재하는 장소를 나타낼 때 쓰이며, と는
우리말의 「~와(과)」의 뜻으로 사물의 열거나 병립을 나타낼 때 쓰이는 조사입니다. が는 체언 또는 체
언에 상당하는 말에 붙어 「~이, ~가」의 뜻으로 주격을 나타내는 조사입니다.

Word ∙∙

まんねんひつ(万年筆) 만년필   **おとな(大人)** 어른   **せんせい(先生)** 선생님

A **れいぞうこの なかには なにが ありますか。**
레-조-꼬노 나까니와 나니가 아리마스까

B **やさいと キムチと くだものが あります。**
야사이또 기무치또 구다모노가 아리마스

A **では、へやの なかに だれが いますか。**
데와   헤야노 나까니 다레가 이마스까

B **いま へやの なかには だれも いません。**
이마 헤야노 나까니와 다레모 이마셍

れいぞうこ （冷蔵庫） 냉장고	
やさい（野菜） 야채	
キムチ 김치	
では 그럼	

A 냉장고 안에는 무엇이 있습니까?

B 야채와 김치와 과일이 있습니다.

A 그럼, 방 안에 누가 있습니까?

B 지금 방 안에는 아무도 없습니다.

Pattern Drill

✱ 보기처럼 주어진 말을 우리말 뜻에 맞게 부정문으로 바꿔보세요.

보기

テーブルの上に果物があります。   테이블 위에 과일이 있습니다.

➜ テーブルの上に果物はありません。   테이블 위에 과일은 없습니다.

① 体育館の中に選手がいます。   ➜ ＿＿＿＿＿＿＿＿＿＿＿＿＿。
체육관 안에 선수는 없습니다.

② 椅子の下にかばんがあります。   ➜ ＿＿＿＿＿＿＿＿＿＿＿＿＿。
의자 밑에 가방은 없습니다.

③ テレビの上に時計があります。   ➜ ＿＿＿＿＿＿＿＿＿＿＿＿＿。
텔레비전 위에 시계는 없습니다.

03 존재의 과거

あなたは さっき どこに いましたか。
아 나 따 와　삭 끼　도 꼬 니 이 마 시 다 까

당신은 　　　아까　　　어디에　　　있었습니까?

🔊 사물(생물)의 존재를 나타내는 あります(います)의 과거형은 ありました(いました)입니다.

● **ありました**　있었습니다

ありました는 무생물, 즉 사물의 존재를 나타내는 あります의 과거형으로 우리말의 「있었습니다」
에 해당합니다.

ノートは かばんの なかに ありました。
노-토와 가반노 나까니 아리마시다
노트는 가방 속에 있었습니다.

あなたの えんぴつは どこに ありましたか。
아나따노 엠삐쯔와 도꼬니 아리마시다까
당신의 연필은 어디에 있었습니까?

● **いました**　있었습니다

いました는 생물의 존재를 나타내는 いる(있다)의 정중형인 います의 과거형으로 「있었습니다」의
뜻입니다. 즉, ます에 과거·완료를 나타내는 た가 접속된 형태입니다.

さっき にわに ねこが いました。
삭끼 니와니 네꼬가 이마시다
아까 마당에 고양이가 있었습니다.

きむらさんは きのう どこに いましたか。
기무라상와 기노- 도꼬니 이마시다까
기무라 씨는 어제 어디에 있었습니까?

Word ·

かばん 가방　**にわ(庭)** 뜰, 마당　**ねこ(猫)** 고양이　**きのう(昨日)** 어제

A ノートブックは つくえの うえに ありましたか。
노-토북쿠와 쓰꾸에노 우에니 아리마시다까

B はい、ノートブックは つくえの うえに ありました。
하이　노-토북쿠와 쓰꾸에노 우에니 아리마시다

A じゃ、あなたは さっき どこに いましたか。
쟈　아나따와 삭끼 도꼬니 이마시다까

B しゃちょうと いっしょに かいぎしつに いました。
샤쬬-또 잇쇼니 카이기시쯔니 이마시다

A 노트북은 책상 위에 있었습니까?
B 네, 노트북은 책상 위에 있었습니다.
A 그럼, 당신은 아까 어디에 있었습니까?
B 사장님과 함께 회의실에 있었습니다.

ノートブック
노트북

さっき
아까, 조금전

しゃちょう
(社長)
사장(님)

いっしょに
함께, 같이

かいぎしつ
(会議室)
회의실

Pattern Drill

★ 보기처럼 주어진 말을 우리말 뜻에 맞게 바꿔보세요.

보기

庭に猫がいます。　정원에 고양이가 있습니다.
→ 庭に猫がいました。　정원에 고양이가 있었습니다.

① 運動場に先生がいます。 → ＿＿＿＿＿＿＿＿＿＿＿。
운동장에 선생님이 있었습니다.

② 筆箱の中に鉛筆があります。 → ＿＿＿＿＿＿＿＿＿＿＿。
필통 안에 연필이 있었습니다.

③ 銀行の前にデパートがあります。 → ＿＿＿＿＿＿＿＿＿＿＿。
은행 앞에 백화점이 있었습니다.

はい、 なにも ありませんでした。
하이 나니모 아리마 센 데 시 다
네, 아무 것도 없었습니다.

📢 사물(생물)의 존재의 과거부정은 ありませんでした(いませんでした)로 나타냅니다.

● **ありませんでした** 없었습니다

ありませんでした는 あります의 부정형인 ありません에 단정을 나타내는 です의 과거형인 でした가 접속된 형태로 우리말의 「없었습니다」에 해당하는 말입니다.

ボールペンは ふでばこの なかに ありませんでした。
보-루펭와 후데바꼬노 나까니 아리마센데시다
볼펜은 필통 속에 없었습니다.

いすの したには なにも ありませんでしたか。
이스노 시따니와 나니모 아리마센데시다까
의자 밑에는 아무 것도 없었습니까?

● **いませんでした** 없었습니다

いませんでした는 います의 부정형인 いません에 です의 과거형인 でした가 접속된 형태로 우리말의 「없었습니다」에 해당합니다.

がくせいたちは どこにも いませんでした。
각세-타찌와 도꼬니모 이마센데시다
학생들은 어디에도 없었습니다.

たいいくかんには だれも いませんでしたか。
타이이꾸깐니와 다레모 이마센데시다까
체육관에는 아무도 없었습니까?

Word . . . .

ボールペン 볼펜 **ふでばこ(筆箱)** 필통 **した(下)** 아래, 밑 **がくせい(学生)** 학생
~たち ~들(복수를 나타냄) **たいいくかん(体育館)** 체육관

A **きむらさんは じむしょに いましたか**
기무라상와 지무쇼니 이마시다까

B **いいえ、きむらさんは じむしょには いませんでした。**
이-에   기무라상와 지무쇼니와 이마센데시다

A **では、つくえの うえに しょるいは ありませんでしたか。**
데와   쓰꾸에노 우에니 쇼루이와 아리마센데시다까

B **はい、なにも ありませんでした。**
하이   나니모 아리마센데시다

A   기무라 씨는 사무실에 있었습니까?
B   아니오, 기무라 씨는 사무실에는 없었습니다.
A   그럼, 책상 위에 서류는 없었습니까?
B   네, 아무 것도 없었습니다.

じむしょ (事務所)
사무소(실)

きむら(木村)
일본인의 성씨

しょるい (書類)
서류

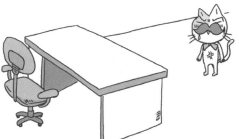

✏️ **Pattern Drill**

★ 보기처럼 주어진 말을 우리말 뜻에 맞게 바꿔보세요.

보기

> 傘^{かさ}はここにありました。   우산은 여기에 있었습니다.
> → 傘はここにありませんでした。   우산은 여기에 없었습니다.

① りんごはテーブルの上^{うえ}にありました。 → _____ 。
사과는 테이블 위에 없었습니다.

② ノートはかばんの中^{なか}にありました。 → _____ 。
노트는 가방 속에 없었습니다.

③ 子供^{こども}は部屋^{へや}の中^{なか}にいました。 → _____ 。
어린이는 방 안에 없었습니다.

사람과 물건, 방향을 가리키는 말

ぼく [보꾸] 나

わたし는 여성이 쓰는 '나'이고 ぼく는 남성이 쓰는 '나'이다. 여성이 ぼく를 쓸 때도 있는데 이때는 거칠게 표현하는 것이고, 남성은 특히 격식을 차릴 때 わたし를 쓰기도 한다.

きみ [키미] 너, 그대

わたしたち [와따시타치] 우리들

ぼくたち [보꾸타치] 우리들

あなたたち [아나따타치] 당신들

きみたち [키미타치] 너희들, 자네들

そのひと [소노히또] 그 사람

どのひと [도노히또] 어느 사람

だれ [다레] 누구

どなた [도나따] 어느 분

それ [소레] 그것

どれ [도레] 어느 것

ここ [고꼬] 여기

そこ [소꼬] 거기

あそこ [아소꼬] 저기

どこ [도꼬] 어디

ひだり_左 [히다리] 왼쪽

みぎ_右 [미기] 오른쪽

きた_北 [키따] 북쪽

にし_西 [니시] 서쪽

ひがし_東 [히가시] 동쪽

みなみ_南 [미나미] 남쪽

Part 04

꼭 알아야 할
숫자표현 익히기

일본어 숫자읽기도 우리와 마찬가지로 중국에서 내려온 음으로 읽습니다. 이 한수사를 바탕으로 시간·월·요일·일의 표현을 익히며, 정중한 단정을 나타내는 과거형 ~でした와 과거부정형인 ~では ありませんでした를 익히게 됩니다.

한자어 숫자읽기

아 소 꼬 와   산 넹   용 쿠 미 노   교 ー 시 쯔 데 스 까
あそこは 三年、四くみの きょうしつですか。
저기는   3학년   4반   교실입니까?

📢 일본어 숫자 읽기도 우리와 마찬가지로 고유어로도 읽고 한자음으로도 읽습니다.

● 한자어 숫자읽기

일본어 한자어 수사는 우리말의 한자어 수사와 마찬가지로 중국에서 전해 내려온 한자음(漢字音)으로 읽는 것을 말합니다.

一 1	二 2	三 3	四 4	五 5
いち	に	さん	し / よん	ご
六 6	七 7	八 8	九 9	十 10
ろく	しち / なな	はち	きゅう / く	じゅう

四(し/よん), 七(しち/なな), 九(きゅう/く)는 두 가지 형태의 발음을 가지고 있습니다. 四(し)는 死(し)와 발음이 동일하고, 九(く)는 苦(く)와 발음이 동일하여 금기어로 일반적으로 회피하고 있습니다. 七(しち)도 なな 쪽을 많이 쓰고 있으며, 경우에 따라서는 두 가지 다 쓰일 때도 있고, 한 가지만 쓰일 때도 있으므로 모두 암기해 두어야 합니다.

● 고유어 숫자읽기

일본어의 숫자는 우리말 숫자와 마찬가지로 한자어로 읽는 방법과 하나, 둘, 셋, 넷 … 처럼 고유어로 읽는 방법이 있습니다. 그러나 우리말의 고유수사로는 하나에서 아흔 아홉까지 셀 수 있으나 일본어에서는 하나에서 열까지밖에 없습니다. 또한 고유수사에는 뒤에 조수사를 붙여 쓸 수 없고, 한 개, 두 개 등처럼 수효를 셀 때 쓰기도 합니다.

一つ	二つ	三つ	四つ	五つ
ひとつ 하나	ふたつ 둘	みっつ 셋	よっつ 넷	いつつ 다섯
六つ	七つ	八つ	九つ	十
むっつ 여섯	ななつ 일곱	やっつ 여덟	ここのつ 아홉	とお 열

A あの、すみません。ここは ずこうしつですか。
아노　　스미마셍　　　　　고꼬와 즈꼬-시쯔데스까

B いいえ、ずこうしつじゃ ないです。りかしつです。
이-에　　　즈꼬-시쯔쟈 나이데스　　　　리까시쯔데스

A あそこは 3年 4くみの きょうしつですか。
아소꼬와 산넹 용꾸미노 쿄-시쯔데스까

B はい、そうです。
하이　　　소-데스

A 저, 실례합니다. 여기는 공작실입니까?

B 아니오, 공작실이 아닙니다. 과학실입니다.

A 저기는 3학년 4반 교실입니까?

B 네, 그렇습니다.

| ずこうしつ (図工室) 공작실 |
| りかしつ (理科室) 과학실 |
| ねん (年) 년, 해 |
| くみ (組) 반 |
| きょうしつ (教室) 교실 |

Pattern Drill

✴ 보기처럼 주어진 말을 우리말 뜻에 맞게 물음에 답해보세요.

보기

りんごはいくつありますか。/ ひとつ　　사과는 몇 개 있습니까? / 하나

→ りんごはひとつあります。　　　　사과는 하나 있습니다.

① たまごはいくつありますか。/ ふたつ　→ ＿＿＿＿＿＿＿＿＿＿＿＿＿＿＿。
　　　　　　　　　　　　　　　　　　　　달걀은 두 개 있습니다.

② 机はいくつありますか。/ みっつ　→ ＿＿＿＿＿＿＿＿＿＿＿＿＿＿＿。
　つくえ　　　　　　　　　　　　　　책상은 세 개 있습니다.

③ ノートは何冊ありますか。/ 三冊　→ ＿＿＿＿＿＿＿＿＿＿＿＿＿＿＿。
　　　なんさつ　　　さんさつ　　　　노트는 세 권 있습니다.

이 마 난 지 데 스 까
いま 何時 ですか。
지금   몇 시   입니까?

📢 여기서는 시간에 관한 표현을 배웁니다. 하루 일과에 있어 중요하므로 잘 익혀 둡시다.

● 시간의 표현

時 (じ)	1時	いちじ	2時	にじ	3時	さんじ	4時	よじ
	5時	ごじ	6時	ろくじ	7時	しちじ	8時	はちじ
	9時	くじ	10時	じゅうじ	11時	じゅういちじ	12時	じゅうにじ
	何時	なんじ						
分 (ふん)	1分	いっぷん	2分	にふん	3分	さんぷん	4分	よんぷん
	5分	ごふん	6分	ろっぷん	7分	ななふん	8分	はっぷん
	9分	きゅうふん	10分	じゅっぷん	11分	じゅういっ ぷん	12分	じゅうに ふん
	何分	なんぷん						
秒 (びょう)	1秒	いちびょう	2秒	にびょう	3秒	さんびょう	4秒	よんびょう
	5秒	ごびょう	6秒	ろくびょう	7秒	ななびょう	8秒	はちびょう
	9秒	きゅうびょう	10秒	じゅうびょう	11秒	じゅういち びょう	12秒	じゅうに びょう
	何秒	なんびょう						

四時(よじ)와 九時(くじ)의 발음에 주의하고, 分(ふん)은 앞의 음에 따라 반탁음이 됩니다.

いまちょうど 12時です。 지금 정각 12시입니다.
이마 쵸-도 쥬-니지데스

ごぜん 9時半です。 오전 9시 반입니다.
고젠 구지한데스

ごご 4時すぎです。 오후 4시가 지났습니다.
고고 요지스기데스

Word ··

なんじ(何時) 몇 시 **ちょうど** 정각, 마침   **ごぜん(午前)** 오전 **~じはん(時半)** ~시반
ごご(午後) 오후 **す(過)ぎ** 지남

A きむらさん、じゅぎょうは 何時_{なんじ}からですか。
기무라상　　　쥬교-와 난지까라데스까

B じゅぎょうは ごぜん 9時からです。
쥬교-와 고젱 구지까라데스

A いま、何時_{なんじ}ですか。
이마　　난지데스까

B 9時 10分まえです。
구지 쥽뿐 마에데스

じゅぎょう (授業)
수업
から
~부터
いま(今)
지금
まえ(前)
앞, 전

A 기무라 씨, 수업은 몇 시부터입니까?

B 수업은 오전 9시부터입니다.

A 지금, 몇 시입니까?

B 9시 10분전입니다.

숫자읽기

十一	11	じゅういち	二十	20	にじゅう
十二	12	じゅうに	三十	30	さんじゅう
十三	13	じゅうさん	四十	40	よんじゅう
十四	14	じゅうよん	五十	50	ごじゅう
十五	15	じゅうご	六十	60	ろくじゅう
十六	16	じゅうろく	七十	70	ななじゅう
十七	17	じゅうしち(なな)	八十	80	はちじゅう
十八	18	じゅうはち	九十	90	きゅうじゅう
十九	19	じゅうきゅう	九十一	91	きゅうじゅういち

03 날짜의 표현

きょうは 何日ですか。
쿄 − 와 난 니찌 데 스 까

오늘은　　　　　며칠입니까?

📢 여기서는 날짜(일)에 관한 표현을 배웁니다. 날짜를 통해서 숫자 읽는 법을 확실히 익혀 둡시다.

● 날짜에 관한 표현

날짜를 물을 때는 何日(なんにち)라고 하며, 1일부터 10일까지는 고유어로 읽습니다.

1日	ついたち	1일	17日	じゅうしちにち	17일
2日	ふつか	2일	18日	じゅうはちにち	18일
3日	みっか	3일	19日	じゅうくにち	19일
4日	よっか	4일	20日	はつか	20일
5日	いつか	5일	21日	にじゅういちにち	21일
6日	むいか	6일	22日	にじゅうににち	22일
7日	なのか	7일	23日	にじゅうさんにち	23일
8日	ようか	8일	24日	にじゅうよっか	24일
9日	ここのか	9일	25日	にじゅうごにち	25일
10日	とおか	10일	26日	にじゅうろくにち	26일
11日	じゅういちにち	11일	27日	にじゅうしちにち	27일
12日	じゅうににち	12일	28日	にじゅうはちにち	28일
13日	じゅうさんにち	13일	29日	にじゅうくにち	29일
14日	じゅうよっか	14일	30日	さんじゅうにち	30일
15日	じゅうごにち	15일	31日	さんじゅういちにち	31일
16日	じゅうろくにち	16일	何日	なんにち	며칠

きょうは 何日ですか 오늘은 며칠입니까?
쿄−와 난니찌데스까

きょうは 九日です。 오늘은 9일입니다.
쿄−와 고꼬노까데스

あしたは 29日じゃ ありません。30日です。 내일은 29일이 아닙니다. 30일입니다.
아시따와 니쥬−쿠니찌쟈 아리마셍　　　산쥬−니찌데스

Word ···

きょう(今日) 오늘　**なんにち(何日)** 며칠　**あした(明日)** 내일

62

A　きむらさん、きょうは 何日^{なんにち}ですか。
　　기무라상　　　　　　쿄―와 난니찌데스까

B　きょうは 三日^{みっか}です。
　　쿄―와 믹까데스

A　こんどの ちゅうかんテストは いつですか。
　　곤도노 츄―깐테스토와 이쯔데스까

B　そうですね。15日^{にち}じゃ ありませんか。
　　소―데스네　　　　　쥬―고니찌쟈 아리마셍까

A　기무라 씨, 오늘은 며칠입니까?

B　오늘은 3일입니다.

A　이번 중간고사는 언제입니까?

B　글쎄요, 15일이 아닙니까?

こんど(今度)
이번, 금번
ちゅうかん (中間)
중간
テスト
테스트, 시험
いつ
언제

숫자읽기

百단위에서는 발음이 탁음, 반탁음이 되므로 유의해서 암기해야 합니다. 또, 三千은 さん ぜん으로 탁음이 됩니다.

百 100	ひゃく	八百 800	はっぴゃく
二百 200	にひゃく	九百 900	きゅうひゃく
三百 300	さんびゃく	千 1,000	せん
四百 400	よんひゃく	一万 10,000	いちまん
五百 500	ごひゃく	一億 1억	いちおく
六百 600	ろっぴゃく	一兆 1조	いっちょう
七百 700	ななひゃく		

04 월과 요일의 표현

쿄 ― 와 낭요―비데스까
きょうは 何曜日ですか。
오늘은   무슨 요일입니까?

🔊 여기서는 월과 요일에 관한 표현을 배웁니다. 일상생활에 꼭 필요하므로 잘 익혀 둡시다.

● **요일에 관한 표현**

회화체에서는 ~日(び)를 생략하여 쓰기도 하며, 요일을 물을 때는 何曜日(なんようび)라고 합니다.

日曜日	にちようび	일요일	木曜日	もくようび	목요일
月曜日	げつようび	월요일	金曜日	きんようび	금요일
火曜日	かようび	화요일	土曜日	どようび	토요일
水曜日	すいようび	수요일	何曜日	なんようび	무슨 요일

なんよう び
きょうは 何曜日ですか。 오늘은 무슨 요일입니까?
쿄―와 낭요―비데스까

か よう び   すいようび
きょうは火曜日で、あしたは水曜日です。 오늘은 화요일이고, 내일은 수요일입니다.
쿄―와 카요―비데   아시따와 스이요―비데스

● **월에 관한 표현**

달을 물을 때는 何月(なんがつ)라고 하며, 4월과 9월의 발음에 주의해야 합니다.

1月	いちがつ	1월	5月	ごがつ	5월	9月	くがつ	9월
2月	にがつ	2월	6月	ろくがつ	6월	10月	じゅうがつ	10월
3月	さんがつ	3월	7月	しちがつ	7월	11月	じゅういちがつ	11월
4月	しがつ	4월	8月	はちがつ	8월	12月	じゅうにがつ	12월

こんげつ   なんがつ
今月は 何月ですか。 이번 달은 몇 월입니까?
공게쯔와 낭가쯔데스까

Word ....

なんようび(何曜日) 무슨 요일 **こんげつ(今月)** 이번달 **なんがつ(何月)** 몇 월 **らいげつ(来月)** 다음달

64

A きむらさん、きょうは 何曜日ですか。
　　　　　　　　　　　　なんようび

기무라상　　　　　쿄-와 낭요-비데스까

B きょうは 木曜日です。
　　　　　　もくようび

쿄-와 모꾸요-비데스

A じゃ、おたんじょうびは いつですか。

쟈　　　　오딴죠-비와 이쯔데스까

B 四月の 九日です。
　しがつ　ここのか

시가쯔노 고꼬노까데스

おたんじょうび
（誕生日）
생일

A 기무라 씨, 오늘은 무슨 요일입니까?

B 오늘은 목요일입니다.

A 그럼, 생일은 언제입니까?

B 4월 9일입니다.

년·월·주·일

年(とし)	月(つき)	週(しゅう)	日(ひ)
去年(きょねん) 작년	先月(せんげつ) 지난 달	先週(せんしゅう) 지난 주	昨日(きのう) 어제
今年(ことし) 금년, 올해	今月(こんげつ) 이번 달	今週(こんしゅう) 이번 주	今日(きょう) 오늘
来年(らいねん) 내년	来月(らいげつ) 다음 달	来週(らいしゅう) 다음 주	明日(あした) 내일

> 시 가쯔 노 이츠까 와 오야스미 데시 따네
> # 四月の 五日は おやすみでしたね。
> 4월　　　　5일은　　　　　　휴일이었죠?

📢 단정을 나타내는 です의 과거형은 でした이며, 과거부정형은 ではありませんでした입니다.

● **~でした** ~이었습니다

でした는 체언에 접속하여 우리말의 「~이었습니다」로 해석되며, 정중한 단정을 나타내는 です에 과거·완료를 나타내는 た가 접속된 형태입니다.

けっこんしきは 先週の 土曜日でした。
켁꼰시끼와 센슈-노 도요-비데시다
결혼식은 지난 주 토요일이었습니다.

きのうは 何月 何日でしたか。
기노-와 낭가쯔 난니찌데시다까
어제는 몇 월 며칠이었습니까?

● **~では ありませんでした** ~이(가) 아니었습니다

では ありませんでした는 「~이(가) 아니었습니다」의 뜻으로 です의 부정형인 では ありません에 です의 과거형인 でした가 접속된 것입니다.

きのうは 金曜日では ありませんでした。
기노-와 킹요-비데와 아리마센데시다
어제는 금요일이 아니었습니다.

先週の 土曜日は けっこんしきじゃ ありませんでしたか。
센슈-노 도요-비와 켁꼰시끼쟈 아리마센데시다까
지난 주 토요일은 결혼식이 아니었습니까?

Word ··

せんしゅう(先週) 지난 주　　**けっこんしき(結婚式)** 결혼식

A きむらさん、おたんじょうびは いつですか。
기무라상　　　　　　　오딴죠-비와 이쯔데스까

B 先月の 五日でした。
센게쯔노 이쯔까데시다

A 四月うまれですね。四月の 五日は おやすみでしたね。
시가쯔 우마레데스네　　　시가쯔노 이쯔까와 오야스미데시따네

B いいえ、その 日は おやすみでは ありませんでした。
이-에　　　소노 히와 오야스미데와 아리마센데시다

A 기무라 씨, 생일은 언제입니까?
B 지난 달 5일이었습니다.
A 4월 출생이군요. 4월 5일은 휴일이었죠?
B 아니오, 그 날은 휴일이 아니었습니다.

| せんげつ (先月) 지난 달 |
| うまれ (生まれ) 출생 |
| おやすみ (お休み) 휴일 |
| ひ (日) 날 |

Pattern Drill

★ 보기처럼 우리말 뜻에 맞게 과거부정문으로 바꿔보세요.

보기

昨日は日曜日でした。　　　　어제는 일요일이었습니다.

→ 昨日は日曜日ではありませんでした。　어제는 일요일이 아니었습니다.

① 前はここは公園でした。　　　→ _____。
전에는 여기는 공원이 아니었습니다.

② きのうはわたしの誕生日でした。　→ _____。
어제는 내 생일이 아니었습니다.

③ おとといは十日でした。　　　→ _____。
그제는 10일이 아니었습니다.

日本語 Tip

4계절

はる_春 [하루] 봄

なつ_夏 [나쯔] 여름

あき_秋 [아끼] 가을

ふゆ_冬 [후유] 겨울

Part
05

형용사
기본 다지기

상태나 성질을 표현하는 일본어 형용사에는 어미가 い로 끝나는 형용사와, だ로 끝나는 형용동사가 있습니다. 이 두 가지는 상태나 성질을 표현하는 점에서는 동일하지만 활용에 있어 큰 차이가 있습니다. 또, 우리말에서는 형용사를 뜻으로 분류하지만 일본어에서는 어미의 형태로 분류한다는 점이 다릅니다.

형용사의 기본형과 정중형

> 니 홍 고 와 도 떼 모 야사시 - 데 스
> # 日本語は とても 易しいです。
> 일본어는   매우   쉽습니다.
>
> 📢 일본어 형용사는 い로 끝나며, 정중하게 말할 때는 です를 접속하여 표현합니다.

● 일본어 형용사

일본어의 형용사(形容詞)는 활용이 있는 자립어로써 사물의 성질과 상태를 나타냅니다. 단, 우리말 형용사와는 달리 의미로 분류하지 않고 어미의 형태로 분류하는 점이 다릅니다. 즉, 일본어의 형용사는 모든 어미가 い로 끝나며, 문장을 종결짓기도 합니다.

この 紙は とても 白い。 이 종이는 매우 하얗다.
고노 카미와 도떼모 시로이

日本語は とても 易しい。 일본어는 매우 쉽다.
니 홍고와 도떼모 야사시-

● ~いです ~합니다

형용사의 기본형은 보통체로 「~하다」의 뜻이지만, 기본형에 です를 접속하면 「~합니다」의 뜻으로 상태를 정중하게 표현합니다. 질문을 할 때는 기본형에 ~ですか를 접속하면 됩니다.

기본형	의 미	정중형	의 미
しろい	하얗다	しろいです	하얗습니다
やさしい	쉽다	やさしいです	쉽습니다

この 紙は とても 白いです。 이 종이는 매우 하얗습니다.
고노 카미와 도떼모 시로이데스

日本語は 易しいですか。 일본어는 쉽습니까?
니 홍고와 야사시-데스까

Word ....

紙(かみ) 종이   白(しろ)い 하얗다   とても 매우, 무척   易(やさ)しい 쉽다

A 先生、日本語は 易しいですか。
　　센세-　　니홍고와 야사시-데스까

B はい、日本語は とても 易しいです。
　　하이　　니홍고와 도떼모 야사시-데스

A では、韓国語も 易しいですか。
　　데와　　캉꼬꾸고모 야사시-데스까

B いいえ、韓国語は 発音が 難しいです。
　　이-에　　캉꼬꾸고와 하쯔옹가 무즈까시-데스

A 선생님, 일본어는 쉽습니까?

B 네, 일본어는 매우 쉽습니다.

A 그럼, 한국어도 쉽습니까?

B 아니오, 한국어는 발음이 어렵습니다.

韓国語
（かんこくご）
한국어

発音
（はつおん）
발음

難しい
（むずかしい）
어렵다

Pattern Drill

✦ 보기처럼 주어진 말을 우리말 뜻에 맞게 정중체로 바꿔보세요.

보기

韓国の冬は寒い　　　　　　한국의 겨울은 춥다
➡ 韓国の冬は寒いです。　　한국의 겨울은 춥습니다.

① 飛行機はとても速い　➡ ＿＿＿＿＿＿＿＿＿＿＿＿＿＿＿＿。
　　　　　　　　　　　　비행기는 매우 빠릅니다.

② この漫画はおもしろい　➡ ＿＿＿＿＿＿＿＿＿＿＿＿＿＿＿＿。
　　　　　　　　　　　　이 만화는 재미있습니다.

③ このお菓子は甘い　➡ ＿＿＿＿＿＿＿＿＿＿＿＿＿＿＿＿。
　　　　　　　　　　　　이 과자는 답니다.

02 형용사의 정중한 부정

> 아 마 리 다까 꾸 아리 마 셍
> # あまり 高くありません。
> 별로   비싸지 않습니다.
>
> 📢 형용사를 정중하게 부정할 때는 어미 い를 く로 바꾸어 ありません을 접속하여 표현합니다.

● **~くありません** ~하지 않습니다

~くありません은 형용사의 정중형인 ~いです의 부정형으로 「~하지 않습니다」의 뜻이 됩니다. 즉, 형용사를 부정할 때는 어미 い를 く로 바꾸고 정중한 부정의 뜻을 나타내는 ありません을 접속합니다. 또한, ~くありません에 종조사 か를 접속하면 질문을 나타냅니다.

この 紙は あまり 白くありません。 이 종이는 별로 하얗지 않습니다.
고노 카미와 아마리 시로꾸 아리마셍

日本語は あまり 難しくありませんか。 일본어는 별로 어렵지 않습니까?
니홍고와 아마리 무즈까시꾸 아리마셍까

● **あまり** 그다지

あまり는 뒤에 부정어를 수반하여 쓰일 때는 「그다지, 별로」라는 뜻이지만, 긍정어가 오면 「너무, 매우」라는 뜻이 됩니다. 회화체에서는 강조하여 あんまり라고도 합니다.

この コンピューターは あまり 高くありません。
고노 콤퓨-타-와 아마리 다까꾸 아리마셍
이 컴퓨터는 그다지 비싸지 않습니다.

● **とても** 매우

とても는 「매우, 무척」이라는 뜻의 부사어로 그 정도가 강함을 나타냅니다.

この コンピューターは とても 安いです。 이 컴퓨터는 매우 쌉니다.
고노 콤퓨-타-와 도떼모 야스이데스

Word ……………………………………………………………………………………………

コンピューター 컴퓨터 　 高(たか)い (값이) 비싸다, 높다, (키가) 크다 　 安(やす)い (값이) 싸다

A とても あかるい アパートですね。
도떼모 아까루이 아파-토데스네

B ええ。南向きで、日当たりが いいです。
에- 미나미무끼데 히아따리가 이-데스

A わたしの アパートは 北向きで 日当たりが
와따시노 아파-토와 기따무끼데 히아따리가

　よくありません。家賃は 高いですか。
요꾸 아리마셍 야찡와 다까이데스까

B いいえ、あまり 高くありません。安いです。
이-에 아마리 다까꾸 아리마셍 야스이데스

A　매우 밝은 아파트이군요.
B　예. 남향이라서 햇볕이 잘 듭니다.
A　우리 아파트는 북향이라서 햇볕이 잘 들지 않습니다.
　　집세는 비쌉니까?
B　아니오, 별로 비싸지 않습니다. 쌉니다.

| 明るい（あかるい）밝다 |
| アパート 아파트 |
| 南向き（みなみむき）남향 |
| 日当たり（ひあたり）양지 |
| 北向き（きたむき）북향 |
| 家賃（やちん）집세 |

✏ Pattern Drill

★ 보기처럼 주어진 말을 우리말 뜻에 맞게 부정문으로 바꿔보세요.

보기

今年の冬は寒いです。　　　　올 겨울은 춥습니다.
→ 今年の冬はあまり寒くありません。　올 겨울은 그다지 춥지 않습니다.

---

① この薬は苦いです。　　→ _____ 。
　　　　　　　　　　　　　　이 약은 그다지 쓰지 않습니다.

② 兄は背が高いです。　　→ _____ 。
　　　　　　　　　　　　　　형은 그다지 키가 크지 않습니다.

③ この荷物は重いです。　→ _____ 。
　　　　　　　　　　　　　　이 짐은 그다지 무겁지 않습니다.

형용사의 연체형과 부정형

아따라시 – 비데오테 – 푸가 아리마스
新しい ビデオテープが あります。

새로운 　　　　　비디오테이프가 　　　　있습니다.

📢 형용사는 명사를 수식할 때 기본형을 취하고, 기본형의 부정형은 ~くない의 형태를 취합니다.

● **형용사의 연체형**

일본어의 형용사는 우리말의 형용사와는 달리 뒤의 체언을 수식할 때 기본형을 그대로 활용합니다. 즉, 우리말에 있어서는 「재미있다」가 「재미있는 만화」처럼 어미가 변하지만, 일본어의 형용사는 「~い＋체언」의 형태로 기본형을 취합니다.

あそこに 白い 子犬が います。
아소꼬니 시로이 코이누가 이마스
저기에 하얀 강아지가 있습니다.

これは 易しい 日本語の 本です。
고레와 야사시 – 니홍고노 혼데스
이것은 쉬운 일본어 책입니다.

● **형용사의 부정형**

형용사의 부정형은 어미 い가 く로 바뀌어 부정어 ない가 접속된 ~くない(~하지 않다) 형태를 취합니다. 부정형 상태로 문장을 마칠 때는 ~くありません(~지 않습니다) 보통체가 되고, 체언에 이어질 때는 「~하지 않는」의 뜻이 됩니다.

この 映画は あまり おもしろくない。
고노 에 – 가와 아마리 오모시로꾸 나이
이 영화는 별로 재미있지 않다.

これは あまり 難しくない 問題です。
고레와 아마리 무즈까시꾸 나이 몬다이데스
이것은 별로 어렵지 않은 문제입니다.

Word ....

子犬(こいぬ) 강아지　**映画(えいが)** 영화　**面白(おもしろ)い** 재미있다　**問題(もんだい)** 문제

74

A **そこに 何^{なに}が ありますか。**
소꼬니 나니가 아리마스까

B **新^{あたら}しい ビデオテープが あります。**
아따라시- 비데오테-푸가 아리마스

A **それは おもしろい ビデオですか。**
소레와 오모시로이 비데오데스까

B **いいえ、あまり おもしろくない ビデオです。**
이-에   아마리 오모시로꾸 나이 비데오데스

A 거기에 무엇이 있습니까?

B 새로운 비디오테이프가 있습니다.

A 그것은 재미있는 비디오입니까?

B 아니오, 별로 재미없는 비디오입니다.

✎ **Pattern Drill**

★ 보기처럼 주어진 말을 우리말 뜻에 맞게 완성해보세요.

보기

赤^{あか}い / 車^{くるま}があります   빨갛다 / 차가 있습니다

→ あそこに赤^{あか}い車^{くるま}があります。   저기에 빨간 차가 있습니다.

① 厚^{あつ}い / 本^{ほん}は辞書^{じしょ}です   → _____ 。
두꺼운 책은 사전입니다.

② これは難^{むずか}しい / 問題^{もんだい}です   → _____ 。
이것은 어려운 문제입니다.

③ とても明^{あか}るい / 部屋^{へや}です   → _____ 。
매우 밝은 방입니다.

아 나 따 노 아 파 ー 토 모 시 즈 까 데 스 까
あなたの アパートも 静かですか。
당신   아파트도   조용합니까?

📢 일본어 형용사에는 앞서 배운 い로 끝나는 형용사와 だ로 끝나는 형용동사가 있습니다.

● 형용동사의 용법

일본어의 형용사는 형태상 기본형의 어미가 い인 경우와 だ인 경우가 있습니다. 즉, 어미가 だ인 경우는 형용동사(形容動詞)로서 앞서 배운 형용사와 어미의 형태가 다를 뿐 상태를 나타내는 점에 있어서는 형용사와 동일합니다. 단, 형용동사는 명사적인 성질이 강하며 우리말의 「명사＋하다」와 마찬가지로 상태를 나타낼 경우에는 대부분 일본어의 형용동사에 해당합니다.

この 公園は なかなか 静かだ。 이 공원은 상당히 조용하다.
고노 코ー엥와 나까나까 시즈까다

わたしの 部屋は いつも きれいだ。 내 방은 항상 깨끗하다.
와따시노 헤야와 이쯔모 기레ー다

● 형용동사의 정중형

です는 체언에 접속하여 정중한 단정을 나타내지만, 형용동사에도 접속하여 「~합니다」의 뜻으로 정중한 의미를 나타냅니다.

기본형	의 미	정중형	의 미
しずかだ	조용하다	しずかです	조용합니다
きれいだ	깨끗하다	きれいです	깨끗합니다

この 公園は なかなか 静かです。 이 공원은 상당히 조용합니다.
고노 코ー엥와 나까나까 시즈까데스

あなたの 部屋は いつも きれいですか。 당신 방은 항상 깨끗합니까?
아나따노 헤야와 이쯔모 기레ー데스까

Word ....

部屋(へや) 방   **静(しず)かだ** 조용하다   **公園(こうえん)** 공원   **なかなか** 상당히, (부정어가 오면) 좀처럼   **いつも** 늘, 항상   **きれいだ** 깨끗하다, 예쁘다

A あなたの マンションは 静かですか。

아나따노 만숑와 시즈까데스까

B はい、とても 静かです。あなたの アパートも 静かですか。

하이　　도떼모 시즈까데스　　아나따노 아파-토모 시즈까데스까

A ええ。でも、交通が 不便です。

에-　　데모　　고-쓰-가 후벤데스

B あ、そうですか。

아　　소-데스까

わたしの マンションは 交通も 便利です。

와따시노 만숑와 코-쓰-모 벤리데스

マンション	맨션
交通 (こうつう)	교통
不便だ (ふべんだ)	불편하다
便利だ (べんりだ)	편(리)하다

A 당신 맨션은 조용합니까?

B 예, 매우 조용합니다. 당신 아파트도 조용합니까?

A 예. 하지만, 교통이 불편합니다.

B 아, 그렇습니까?

　우리 맨션은 교통도 편합니다.

Pattern Drill

✱ 보기처럼 주어진 말을 우리말 뜻에 맞게 정중체로 바꿔보세요.

보기

このアパートはとても 静かだ　　이 아파트는 매우 조용하다

→ このアパートはとても 静かです。　이 아파트는 매우 조용합니다.

① わたしの下宿は交通が便利だ　→ ＿＿＿＿＿＿＿＿＿＿＿＿＿＿＿ 。

　제 하숙집은 교통이 편리합니다.

② この野菜は新鮮だ　　　　　　→ ＿＿＿＿＿＿＿＿＿＿＿＿＿＿＿ 。

　이 야채는 신선합니다.

③ この公園はいつもきれいだ　　→ ＿＿＿＿＿＿＿＿＿＿＿＿＿＿＿ 。

　이 공원은 항상 깨끗합니다.

나 까 나 까　립 빠 나　비 루 데 스 네
なかなか 立派な ビルですね。
상당히　　　　훌륭한　　　　빌딩이군요.

📢 형용사는 뒷말을 꾸밀 때 기본형을 취하지만 형용동사가 뒷말을 꾸밀 때는 な 형태를 취합니다.

● 형용동사의 연체형

형용동사의 연체형은 어미 だ가 な로 바뀌어 뒤의 체언을 수식합니다. 즉, 형용사에서는 기본형 상태로 뒤의 체언을 수식하지만, 형용동사의 경우는 「~な＋체언」의 형태를 취합니다.

기본형	의 미	연체형	의 미
しずかだ	조용하다	しずかな	조용한
きれいだ	깨끗하다	きれいな	깨끗한

ここは とても 静かな 住宅街です。 여기는 매우 조용한 주택가입니다.
고꼬와 도떼모 시즈까나 쥬-따꾸가이데스

ここは 交通が 便利な ところです。 여기는 교통이 편리한 곳입니다.
고꼬와 고-쓰-가 벤리나 도꼬로데스

● **~では ありません** ~하지 않습니다

정중한 단정을 나타내는 です의 부정형인 では ありません은 형용동사에서도 마찬가지로 정중한 부정을 나타냅니다. 이처럼 일본어 형용동사는 명사적인 성질이 강하여 연체형을 제외하고는 단정의 です와 동일하게 활용을 합니다. 회화체에서는 줄여서 じゃ ありません이라고도 합니다.

기본형	의 미	부정형	의 미
しずかだ	조용하다	しずかでは ありません	조용하지 않습니다
きれいだ	깨끗하다	きれいでは ありません	깨끗하지 않습니다

この 公園は あまり 静かでは ありません。 이 공원은 별로 조용하지 않습니다.
고노 코-엥와 아마리 시즈까데와 아리마셍

Word ....

住宅街(じゅうたくがい) 주택가　　ところ(所) 곳, 장소

78

A　なかなか 立派な ビルですね。何の ビルですか。
　　나까나까 립빠나 비루데스네　　　　　　난노 비루데스까

B　ええ。この 立派な ビルは デパートです。
　　에-　　　고노 립빠나 비루와 데파-토데스

A　この 背広は どうですか。
　　고노 세비로와 도-데스까

B　そうですね。ちょっと 派手じゃ ありませんか。
　　소-데스네　　　　　　촛또 하데쟈 아리마셍까

　　A　상당히 훌륭한 빌딩이군요. 무슨 빌딩입니까?
　　B　예. 이 훌륭한 빌딩은 백화점입니다.
　　A　이 양복은 어떻습니까?
　　B　글쎄요. 좀 화려하지 않습니까?

立派だ (りっぱだ)
훌륭하다, 멋지다
ビル
빌딩(ビルディング의 줄임말)
デパート
백화점
背広(せびろ)
양복(남성복)
ちょっと
좀, 약간
派手(はで)だ
화려하다

Pattern Drill

★ 보기처럼 주어진 말을 우리말 뜻에 맞게 완성해보세요.

なかなか立派だ / 人です　　　상당히 훌륭하다 / 사람입니다
→ なかなか立派な人です。　　상당히 훌륭한 사람입니다.

① わたしは真面目だ / 人が好きです　→ _____ 。
　　　　　　　　　　　　　　　　　　　나는 착실한 사람을 좋아합니다.

② 嫌いだ / 食べ物はありません　→ _____ 。
　　　　　　　　　　　　　　　　　싫어하는 음식은 없습니다.

③ このビルはとてもすてきだ / 建物です　→ _____ 。
　　　　　　　　　　　　　　　　　　　이 빌딩은 매우 멋진 건물입니다.

형용동사의 정중한 과거와 과거부정

아 마 리 벤 리 데 와 아 리 마 센 데 시 다
あまり 便利では ありませんでした。

별로　　　　　　　　　　　　편리하지 않았습니다.

📢 형용동사의 정중한 단정의 과거형은 でした이고, 과거부정형은 では ありませんでした입니다.

● ~でした ~했습니다

형용동사의 어간에 です의 과거형인 でした를 접속하면 우리말의 「~했습니다」의 뜻으로 정중한 표현이 됩니다.

昔、ここは とても 静かでした。
무까시 고꼬와 도떼모 시즈까데시다
옛날에 여기는 매우 조용했습니다.

日本での 生活は 便利でしたか。
니혼데노 세-카쯔와 벤리데시다까
일본에서의 생활은 편했습니까?

● ~では ありませんでした ~하지 않았습니다

형용동사의 어간에 です의 부정형인 では ありません에 です의 과거형인 でした를 접속하면 「~하지 않았습니다」의 뜻으로 과거의 부정을 나타냅니다. 회화체에서는 では를 じゃ로 줄여서 ~じゃ ありませんでした로 나타내기도 합니다.

昔、ここは あまり 静かでは ありませんでした。
무까시 고꼬와 아마리 시즈까데와 아리마센데시다
옛날에 여기는 별로 조용하지 않았습니다.

日本での 生活は 便利では ありませんでしたか。
니혼데노 세-카쯔와 벤리데와 아리마센데시다까
일본에서의 생활은 편하지 않았습니까?

Word ●

昔(むかし) 옛날　 ~での ~에서의　 生活(せいかつ) 생활

생생 토크

A この 商店街(しょうてんがい)は いつも 賑(にぎ)やかですか。
　고노 쇼-뗑가이와 이쯔모 니기야까데스까

B ええ。いつも 多(おお)くの 人(ひと)たちで 賑(にぎ)やかです。
　에-　　이쯔모 오-꾸노 히또타찌데 니기야까데스

A それじゃ、交通(こうつう)も ずいぶん 便利(べんり)ですね。
　소레쟈　　코-쓰-모 즈이붐 벤리데스네

B ええ。でも、昔(むかし)は あまり 便利(べんり)では ありませんでした。
　에-　　데모　　무까시와 아마리 벤리데와 아리마센데시다

A 이 상가는 늘 붐빕니까?

B 예, 늘 많은 사람들로 붐빕니다.

A 그럼, 교통도 무척 편리하겠군요?

B 예, 하지만 옛날에는 별로 편리하지 않았습니다.

商店街(しょうてんがい)
상가

いつも
늘, 항상

おおくの
많은

人たち
(ひとたち)
사람들

賑やかだ
(にぎやかだ)
붐비다

ずいぶん
상당히, 무척

Pattern Drill

★ 보기처럼 주어진 말을 우리말 뜻에 맞게 바꿔보세요.

보기

公園(こうえん)の中(なか)はきれいではありません。　공원 안은 깨끗하지 않습니다.

→　公園(こうえん)の中(なか)はきれいではありませんでした。 공원 안은 깨끗하지 않았습니다.

① 弟(おとうと)は体(からだ)が丈夫(じょうぶ)ではありません。　→ _____ 。
　　동생은 몸이 튼튼하지 않았습니다.

② あの歌手(かしゅ)は有名(ゆうめい)ではありません。　→ _____ 。
　　저 가수는 유명하지 않았습니다.

③ あの人(ひと)は親切(しんせつ)ではありません。　→ _____ 。
　　그 사람은 친절하지 않았습니다.

여러 가지 색깔

あかいろ [아까이로] 빨간색

オレンジいろ [오렌지이로] 주황색

きいろ [기－로] 노란색

みどりいろ [미도리이로] 초록색

あおいろ [아오이로] 파란색

あいいろ [아이이로] 남색

むらさきいろ [무라사끼이로] 보라색

ちゃいろ [챠이로] 갈색

ももいろ [모모이로] 분홍색

しろいろ [시로이로] 흰색

はいいろ [하이이로] 회색

くろいろ [쿠로이로] 검정색

Part
06

열거 · 비교표현
익히기

여기서는 시작과 끝을 나타내는 ~から ~まで의 용법과, 사물을 열거할 때 쓰이는 조사 や의 용법, 한정을 나타내는 조사 しか의 용법, 최상급의 표현, 비교를 나타내는 より와 요구를 나타내는 ください 따위를 익히게 됩니다.

01 시작과 한계

오 타꾸 까 라   에끼 마 데   도-이 데 스 까
お宅から 駅まで 遠いですか。
댁에서   역까지   멉니까?

📢 시간이나 거리 등의 시작과 한계를 나타낼 때는 ~から ~まで로 나타냅니다.

● ~から ~まで ~에서(부터) ~까지

から는 여러 가지 용법으로 쓰이지만, 여기서는 우리말의 「~에서, ~부터」에 해당하는 조사로 시간이나 거리 따위의 시작을 나타냅니다. 반대로 まで는 から와 대응하여 시간이나 거리 따위의 끝, 즉 한계점을 나타낼 때 쓰이는 조사로 우리말의 「~까지」에 해당합니다.

かいしゃ   なんじ   なんじ
あなたの 会社は 何時から 何時までですか。
아나따노 카이샤와 난지까라 난지마데데스까
당신의 회사는 몇 시부터 몇 시까지입니까?

えき   いえ   とお
駅から 家までは 遠いですか。
에끼까라 이에마데와 도-이데스까
역에서 집까지는 멉니까?

● ~くらい ~정도, 쯤

くらい는 「정도, 만큼, 가량」의 뜻으로 대략의 수량을 나타냅니다. 또 다른 말에 접속하여 쓰일 때는 ぐらい로 쓰기도 합니다.

みず   なか
コップに 水が 半ばぐらい あります。
콥푸니 미즈가 나까바 구라이 아리마스
컵에 물이 절반 정도 있습니다.

えき
ここから 駅まで どのくらいですか。
고꼬까라 에끼마데 도노 쿠라이데스까
여기서 역까지 어느 정도입니까?

Word ....

会社(かいしゃ) 회사 **駅(えき)** 역 **家(いえ)** 집 **遠(とお)い** 멀다 **コップ** 컵
水(みず) 물 **半(なか)ば** 절반

A 木村さんの 会社は 電車の 駅から 近いですか。
기무라산노 카이샤와 덴샤노 에끼까라 치까이데스까

B いいえ、会社までは 十五分ぐらいで 少し 遠いです。
이-에 카이샤마데와 쥬-고훙구라이데 스꼬시 도-이데스

A お宅から 駅までも 遠いですか。
오타꾸까라 에끼마데모 도-이데스까

B いいえ、五分ぐらいです。
이-에 고훙구라이데스

A 기무라 씨의 회사는 전철역에서 가깝습니까?
B 아니오. 회사까지는 15분 정도로 조금 멉니다.
A 댁에서 역까지도 멉니까?
B 아니오, 5분 정도입니다.

| 電車 (でんしゃ) |
| 전차, 전철 |
| 近(ちか)い |
| 가깝다 |
| 少(すこ)し |
| 조금 |
| お宅(たく) |
| 댁 |

Pattern Drill

★ 보기처럼 주어진 말을 우리말 뜻에 맞게 완성해보세요.

보기

試験はあした / あさって 시험은 내일 / 모레
→ 試験はあしたからあさってまでです。 시험은 내일부터 모레까지입니다.

① 旅行は今日 / 土曜日 → _____。
여행은 오늘부터 토요일까지입니다.

② 宿題は一ページ / 五ページ → _____。
숙제는 1쪽부터 5쪽까지입니다.

③ デパートは何時 / 何時 → _____。
백화점은 몇 시부터 몇 시까지입니까

02 사물의 열거

구다 모노 야   쥬 ― 스   나도가   아리 마 스
果物や ジュース など が あります。
과일이랑   주스   등이   있습니다.

📢 열거한 것 이외에 사물이 더 있는 것을 말할 때는 ~や ~や ~など로 나타냅니다.

● ~や ~や ~など ~랑 ~랑 ~등

や는 체언에 접속하여 열거한 것 이외에 더 많은 것을 나타낼 때 쓰이는 조사로 우리말의 「~랑, ~이나」에 해당하며, 뒤에는 など(등, 따위)와 같은 말이 이어집니다. 그러나 앞서 배운 と는 열거한 것 이외는 없다는 뜻으로 쓰입니다.

テーブルの 上には スイカや ブドウ などが あります。
테―부루노 우에니와 스이까야 부도― 나도가 아리마스
테이블 위에는 수박이랑 포도 등이 있습니다.

ここには ジュースや コーラや お茶 などが あります。
고꼬니와 쥬―스야 코―라야 오챠 나도가 아리마스
여기에는 주스랑 콜라랑 차 따위가 있습니다.

● なんか 무언가

なにが는 의문사에 조사 が가 접속된 형태로 있는 것이 무엇인지를 물을 때 쓰이지만, なんか는 의문사에 불확실함을 나타내는 조사 か가 이어진 형태로 무언가가 있는지의 여부를 물을 때 쓰입니다. 따라서 なんか로 물으면 はい, いいえ로 대답해야 합니다.

Q : **冷蔵庫の 中には 何か ありますか。**
레―조―꼬노 나까니와 낭까 아리마스까
냉장고 안에는 무언가 있습니까?

A : **はい、お菓子 などが あります。**
하이   오까시 나도가 아리마스
네, 과자 등이 있습니다.

Word ···

テーブル 테이블, 식탁   スイカ 수박   ブドウ 포도   ジュース 주스   コーラ 콜라
お茶(ちゃ) 차   冷蔵庫(れいぞうこ) 냉장고   お菓子(かし) 과자

A 冷蔵庫の 中に 何か ありますか。
레-조-꼬노 나까니 낭까 아리마스까

B はい、野菜や 果物や ジュース などが あります。
하이　　야사이야 구다모노야 쥬-스 나도가 아리마스

A 牛乳は ありませんか。
규-뉴-와 아리마셍까

B いいえ、少し あります。
이-에　　스꼬시 아리마스

A 냉장고 안에 뭔가 있어요?
B 네, 야채랑 과일이랑 주스 등이 있어요.
A 우유는 없어요?
B 아니오, 조금 있습니다.

野菜(やさい)	야채
果物(くだもの)	과일
牛乳(ぎゅうにゅう)	우유
昨日(きのう)	어제
少(すこ)し	조금, 약간

Pattern Drill

★ 보기처럼 주어진 말을 우리말 뜻에 맞게 바꿔보세요.

> **보기**
>
> テーブルの 上にはりんごとなしがあります。　　테이블 위에는 사과와 배가 있습니다.
> → テーブルの 上にはりんごやなしなどがあります。테이블 위에는 사과랑 배 등이 있습니다.

① 机の上には新聞と雑誌があります。 → ＿＿＿＿＿＿＿＿＿＿＿＿＿ 。
책상 위에는 신문이랑 잡지 등이 있습니다.

② 冷蔵庫の中にはキムチと肉があります。 → ＿＿＿＿＿＿＿＿＿＿＿＿＿ 。
냉장고 안에는 김치랑 고기 등이 있습니다.

③ あそこには車と自転車があります。 → ＿＿＿＿＿＿＿＿＿＿＿＿＿ 。
저기에는 차랑 자전거 등이 있습니다.

03 한정의 표현

오토꼬노 각 세— 와 히또 리 시 까 이 마 셍
男の 学生は 一人しかいません。
남학생은　　　　　　한 명밖에　　　　　없어요.

📢 오직 그것밖에 없다고 한정하여 표현할 때는 ~しか ありません을 사용합니다.

● ~しか ありません　~밖에 없습니다

しか는 뒤에 부정어를 동반하여 「~밖에 , ~뿐」의 뜻으로 오직 그것뿐임을 나타내는 조사입니다. 따라서 ~しか ありません(いません)은 「~밖에 없습니다」의 뜻이 됩니다.

> ひと
> ## ここには リンゴは 一つしか ありません。
> 고꼬니와 링고와 히토쯔시까 아리마셍
> 여기에는 사과는 하나밖에 없습니다.

> うんどうじょう　　　　　こども
> ## 運動場には 子供しか いません。
> 운도—쬬—니와 코도모시까 이마셍
> 운동장에는 어린이밖에 없습니다.

● おおぜい / たくさん　많이

おおぜい(大勢)는 사람이 많다는 뜻으로 쓰이는 부사어입니다. 물건이나 사람이 많음을 나타낼 때는 たくさん을 씁니다. 따라서 물건이 많음을 나타낼 때는 おおぜい를 쓰지 않습니다.

> ひろ ば　　　　　ひと
> ## 広場には 人たちが おおぜい います。
> 히로바니와 히또타찌가 오—제— 이마스
> 광장에는 사람들이 많이 있습니다.

> れいぞう こ　　なか　　　くだもの
> ## 冷蔵庫の 中には 果物が たくさん あります。
> 레—조—꼬노 나까니와 구다모노가 닥상 아리마스
> 냉장고 안에는 과일이 많이 있습니다.

Word ··

リンゴ 사과　**運動場(うんどうじょう)** 운동장　**子供(こども)** 어린이　**広場(ひろば)** 광장

88

A 運動場には 男の 学生も おおぜい いますか。
うんどうじょう　おとこ　がくせい
운도-죠-니와 오토꼬노 각세-모 오-제- 이마스까

B いいえ、男の 学生は 一人しか いません。
おとこ　がくせい　ひとり
이-에　오토꼬노 각세-와 히또리시까 이마셍

A 子供は 何人ぐらい いますか。
こども　なんにん
코도모와 난닝 구라이 이마스까

B えっと、たくさん いますね。
엣또　닥상 이마스네

A 운동장에 남학생들도 많이 있습니까?
B 아니오. 남학생은 한 명밖에 없어요.
A 어린이는 몇 명 정도 있습니까?
B 어디보자, 많이 있어요.

男(おとこ)	남자
学生(がくせい)	학생
一人(ひとり)	한 사람
何人(なんにん)	몇 사람

Pattern Drill

✱ 보기처럼 주어진 말을 우리말 뜻에 맞게 바꿔보세요.

보기

ここには女の人は三人います。　여기에 여자는 세 사람 있습니다.
おんな　ひと　さんにん

→ ここには女の人は三人しかいません。　여기에 여자는 세 사람밖에 없습니다.

① このクラスには外国人は一人います。 → ＿＿＿＿＿＿＿＿＿＿＿＿。
がいこくじん　ひとり
이 반에는 외국인은 한 사람밖에 없습니다.

② 今、千円あります。 → ＿＿＿＿＿＿＿＿＿＿＿＿。
いま　せんえん
지금 천 엔밖에 없습니다.

③ この店には果物があります。 → ＿＿＿＿＿＿＿＿＿＿＿＿。
みせ　くだもの
이 가게에는 과일밖에 없습니다.

스 포 ― 츠 노 나까데 나니가 이 찌 반   스 끼 데 스 까
スポーツの 中で 何が いちばん 好きですか。

| 스포츠 | 중에서 | 뭘 | 제일 | 좋아합니까? |

📢 주어진 것 중에 가장 최고라는 것을 나타낼 때는 ~で いちばん으로 표현합니다.

● **~で いちばん** ~에서 가장

우리말의 그 중에서 제일(가장)이라는 최상급의 표현에 해당하는 일본어 표현은 ~で いちばん입니다. 즉, で는 한정을 나타내는 조사로 「~에서」의 뜻이고, いちばん은 「가장, 제일」이라는 뜻의 부사어입니다.

この 山は 韓国で いちばん 高いです。
고노 야마와 캉꼬꾸데 이찌방 다까이데스
이 산은 한국에서 가장 높습니다.

この クラスで いちばん 成績の いい 人は だれですか。
고노 쿠라스데 이찌반 세―세끼노 이― 히또와 다레데스까
이 반에서 가장 성적이 좋은 사람은 누구입니까?

● **~が** ~하지만

が는 체언 및 체언에 상당하는 말에 접속하여 「~이, 가」의 뜻으로 주격을 나타내기도 하고, 용언에 접속하여 「~지만, ~인데」의 뜻으로 전제, 보충, 설명 등을 뒤에 오는 서술에 연결시키는 역할을 하기도 합니다. 그러나 が는 희망, 능력, 좋음, 싫음의 대상이 되는 말 앞에는 「~을(를)」로 해석합니다.

金さんは 日本語が 上手です / 下手です。
김상와 니홍고가 죠―즈데스   헤따데스
김씨는 일본어를 잘합니다 / 서툽니다.

金さんは 何が いちばん 好きですか / 嫌いですか。
김상와 나니가 이찌방 스끼데스까   기라이데스까
김씨는 무엇을 가장 좋아합니까 / 싫어합니까?

Word

山(やま) 산   成績(せいせき) 성적   誰(だれ) 누구   上手(じょうず)だ 능숙하다, 잘하다
下手(へた)だ 서투르다, 못하다   好(す)きだ 좋아하다   嫌(きら)いだ 싫어하다

A 金さんは スポーツの 中で 何が いちばん 好きですか。
김상와 스포-츠노 나까데 나니가 이찌반 스끼데스까

B わたしは サッカーが いちばん 好きです。
와따시와 삭까-가 이찌반 스끼데스

A 金さんは サッカーが 上手ですか。
김상와 삭까-가 죠-즈데스까

B いいえ、下手です。
이-에   헤따데스

スポーツ
스포츠

サッカー
축구

A 김씨는 스포츠 중에서 뭘 제일 좋아합니까?

B 저는 축구를 제일 좋아합니다.

A 김씨는 축구를 잘합니까?

B 아니오. 못합니다.

✎ **Pattern Drill**

✱ 보기처럼 주어진 말을 우리말 뜻에 맞게 완성해보세요.

보기

このビルは韓国 / 高い   이 빌딩은 한국 / 높다

→ このビルは韓国でいちばん高いです。   이 빌딩은 한국에서 가장 높습니다.

---

① 彼はこのクラス / 背が高い   → _____ 。
그는 이 반에서 가장 키가 큽니다.

② スポーツの中 / 野球が好きだ   → _____ 。
스포츠 중에 야구를 가장 좋아합니다.

③ 果物の中 / りんごが好きだ   → _____ 。
과일 중에 사과를 가장 좋아합니다.

덴 샤 노 호 ― 가 바 스 요 리 하야 이 데 스
電車の ほうが バスより 速いです。
전철이　　　　　　　버스보다　　　　　빠릅니다.

📢 한쪽을 들어 말할 때는 ほう를 사용하며, 비교를 나타낼 때는 접속조사 より를 사용합니다.

● 비교의 용법

Q : ~と ~と どちらの ほうが ~ですか
~와 ~와 어느 쪽이 ~입니까?

A : ~の ほうが ~より ~です
~의 쪽이 ~보다 ~입니다.

두 가지 사물이나 사항을 비교할 때는 위의 문형을 취합니다. 이 때 ほう(方)는 「쪽」이라는 뜻이지만 일부러 해석할 필요는 없습니다. より는 비교를 나타낼 때 쓰이는 조사로 우리말의 「~보다」에 해당하는 조사입니다.

Q : ジュースと コーラと どちらの ほうが 好きですか。
쥬―스또 코―라또 도찌라노 호―가 스끼데스까
주스와 콜라와 어느 쪽을 좋아합니까?

A : ジュースの ほうが コーラより 好きです。
쥬―스노 호―가 코―라요리 스끼데스
주스를 콜라보다 좋아합니다.

Q : 日本語と 英語と どちらの ほうが 易しいですか。
니홍고또 에―고또 도찌라노 호―가 야사시―데스까
일본어와 영어 중에 어느 쪽이 쉽습니까?

A : 日本語の ほうが 英語より 易しいです。
니홍고노 호―가 에―고요리 야사시―데스
일본어가 영어보다 쉽습니다.

Word ·

英語(えいご) 영어　　易(やさ)しい 쉽다

A **電車と バスと、どちらの ほうが 速いですか。**
덴샤또 바스또　　　도찌라노 호-가 하야이데스까

B **電車の ほうが バスより 速いです。**
덴샤노 호-가 바스요리 하야이데스

A **家から 新村と 鐘路と、どちらの ほうが 近いですか。**
이에까라 신촌또 종로또　　　도찌라노 호-가 치까이데스까

B **新村の ほうが 鐘路より 近いです。**
신촌노 호-가 종로요리 치까이데스까

A 전철과 버스 중에 어느 쪽이 빠릅니까?

B 전철이 버스보다 빠릅니다.

A 집에서 신촌과 종로 중에 어느 쪽이 가깝습니까?

B 신촌이 종로보다 가깝습니다.

バス
버스
速(はや)い
(속도가) 빠르다

 Pattern Drill

✿ 보기처럼 주어진 말을 우리말 뜻에 맞게 완성해보세요.

보기

バス / タクシー / 速い　　　버스 / 택시 / 빠르다
→ バスとタクシーとどちらのほうが 速いですか。 버스와 택시 중에 어느 게 빠릅니까?

① 日本語 / 韓国語 / 難しい　→ _____ 。
일본어와 한국어 중에 어느 것이 어렵습니까?

② ジュース / コーラ / 好きだ　→ _____ 。
주스와 콜라 중에 어느 것을 좋아합니까?

③ 地下鉄の駅 / バス停 / 遠い　→ _____ 。
지하철역과 버스정류장 중에 어느 게 멉니까?

쓰메 따 이 코 - 히 - 오 구 다 사 이
冷たい コーヒーを ください。
차가운　　　　커피를　　　　주세요.

📢 상대에게 직접적으로 뭔가를 주기를 요구할 때는 ください를 사용합니다.

● **~を ください** ~을 주세요

を는 우리말의 「~을, 를」에 해당하는 조사로, あ행의 お와 발음이 같지만 を는 조사로만 쓰입니다. く
ださい는 상대에게 직접적인 요구를 할 때 쓰이는 말로 우리말의 「~주세요」에 해당합니다.

すみません。ビールを 一本 ください。
스미마셍　　　　비-루오 입뽕 구다사이
여보세요. 맥주를 한 병 주세요.

すみません。便せんと 封筒を ください。
스미마셍　　　　빈센또 후-또-오 구다사이
여보세요. 편지지와 봉투를 주세요.

● **どうぞ** 부디, 잘

どうぞ는 일본어 회화에서 가장 많이 쓰이는 말 중에 하나로 영어의 please와 비슷합니다. 따라서 ど
うぞ는 남에게 정중하게 부탁할 때나 요구할 때 사용하는 말로 우리말의 「부디, 자, 아무쪼록」 등으로
해석됩니다.

どうぞ よろしく お願いします。
도-조 요로시꾸 오네가이시마스
부디 잘 부탁드립니다.

Word ....

ビール 맥주　便(びん)せん 편지지　封筒(ふうとう) 봉투　よろしく 잘

A わたしは 冷^{つめ}たい コーヒーを ください。
와따시와 쓰메따이 코-히-오 구다사이

B アイスコーヒー 一^{ひと}つですね。
아이스코-히- 히또쯔데스네

A あ、すみません。ポテトも ください。
아   스미마셍   포테토모 구다사이

B はい、どうぞ。
하이   도-조

A   저는 차가운 커피를 주세요.
B   아이스커피 한 잔이군요.
A   아, 저기요. 포테이토도 주세요.
B   네. 여기 있습니다.

冷(つめ)たい
차갑다

コーヒー
커피

アイスコーヒー
아이스커피

ポテト
포테이토

Pattern Drill

★ 보기처럼 주어진 말을 우리말 뜻에 맞게 완성해보세요.

보기

熱^{あつ}いコーヒー   뜨거운 커피
→ 熱いコーヒーをください。   뜨거운 커피를 주세요.

① 冷^{つめ}たいコーラ   → _____。
                                        차가운 콜라를 주세요.

② 赤^{あか}いボールペン   → _____。
                                        빨간 볼펜을 주세요.

③ ノートと鉛筆^{えんぴつ}   → _____。
                                        노트와 연필을 주세요

日本語 Tip

인체의 명칭

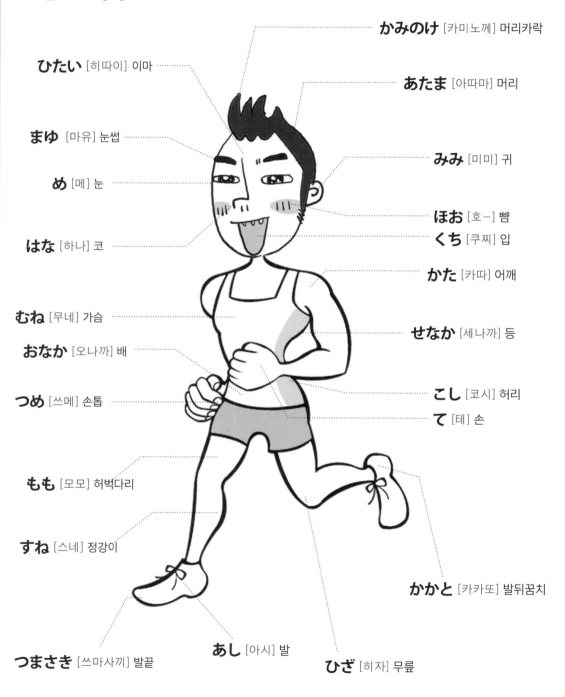

かみのけ [카미노께] 머리카락

ひたい [히따이] 이마

あたま [아따마] 머리

まゆ [마유] 눈썹

み み [미미] 귀

め [메] 눈

ほお [호-] 뺨

くち [쿠찌] 입

はな [하나] 코

かた [카따] 어깨

むね [무네] 가슴

せなか [세나까] 등

おなか [오나까] 배

こし [코시] 허리

つめ [쓰메] 손톱

て [테] 손

もも [모모] 허벅다리

すね [스네] 정강이

かかと [카카또] 발뒤꿈치

つまさき [쓰마사끼] 발끝

あし [아시] 발

ひざ [히자] 무릎

Part 07

동사
기본 다지기

일본어 동사는 주로 동작이나 작용을 나타내며, 있는 처럼 존재나 상태를 나타내기도 합니다. 여기서는 동사의 특징과 종류를 먼저 익히고, 그에 따른 ます가 접속하는 정중한 표현을 익힙니다. 또한 ます의 과거형, 부정형, 과거부정형도 함께 배우며, 동사의 연체수식까지 익힙니다.

01 일본어 동사

이마 도 꼬 까 에 이 꾸 노
今 どこかへ 行くの。
지금　　　어디　　　　가니?

📢 일본어 동사는 형용사와는 달리 어미의 형태가 다양하므로 잘 이해하고 넘어가야 합니다.

● 동사의 특징

일본어의 동사는 단독으로 술어가 되고 사물의 동작이나 상태, 작용, 존재를 나타내며, 어미가 다른 말에 접속할 때 활용을 합니다.

① 일본어 동사는 우리말과 달리 의미로 분류하지 않고 어미의 형태로 분류합니다.
② 모든 동사의 어미는 う단(段)으로 끝나며 9가지(う く ぐ す つ ぬ ぶ む る)가 있습니다.
③ 모든 동사가 규칙적으로 정격활용을 하고, 불규칙적으로 활용하는 변격동사는 2가지(くる 오다, する 하다) 뿐입니다.

まいにち
毎日 ラジオの ニュースを 聞く。
마이니찌 라지오노 뉴-스오 기꾸
매일 라디오 뉴스를 듣다.

● 동사의 종류

① 5단활용동사

5단동사의 어미는 모두 9가지로 일단 어미가 る가 아니면 모두 5단동사입니다. 단, 어미가 る로 끝나는 동사는 어미 る 바로 앞 음절이 あ段, う段, お段에 속하면 무조건 5단동사입니다.

会う 만나다　　**書く** 쓰다　　**泳ぐ** 헤엄치다　　**話す** 이야기하다
待つ 기다리다　　**死ぬ** 죽다　　**遊ぶ** 놀다　　**読む** 읽다
ある 있다

▶ 다음 페이지로 설명 이어짐

Word ··
毎日(まいにち) 매일　**ラジオ** 라디오　**ニュース** 뉴스　**聞(き)く** 듣다, 묻다

98

A 吉村君、今 どこかへ 行くの。

요시무라꿍　이마 도꼬까에 이꾸노

B うん、近所の スーパーへ 買物に 行くよ。何か あるの。

웅　킨죠노 스-파-에 가이모노니 이꾸요　낭까 아루노

A 実は、ちょっと 相談が あるよ。

지쯔와　춋또 소-당가 아루요

B 何、どうしたの。

나니 도-시따노

A 요시무라, 지금 어디 가니?

B 응, 근처 슈퍼에 물건을 사러 가. 무슨 일 있니?

A 실은 좀 의논할 게 있어.

B 뭔데, 무슨 일이야?

단어	
今(いま)	지금
行(い)く	가다
近所(きんじょ)	근처
スーパー	슈퍼
買物(かいもの)	쇼핑, 물건사기
実(じつ)は	(사)실은
ちょっと	좀, 잠깐
相談(そうだん)	상담, 의논

② 상1단활용동사

어미 る 바로 앞 음절이 い段(い き ぎ し ち に び み り)에 속하면 상1단동사입니다.

見る 보다　　　起きる 일어나다　　　似る 닮다

落ちる 떨어지다　　いる 있다　　　生きる 살다

③ 하1단활용동사

어미 る 바로 앞 음절이 え段(え け げ せ て ね べ め れ)에 속하면 하1단동사입니다.

出る 나오다　　　寝る 자다　　　開ける 열다

閉める 닫다　　　食べる 먹다　　　分ける 나누다

④ 변격활용동사

변격동사는 정격활용을 하지 않는 것으로 来る(오다), する(하다) 두 개 동사뿐입니다.

02 5단동사의 정중형

이마 도 꼬 에 이 끼 마 스 까
今 どこへ 行きますか。
지금   어디에   갑니까?

📢 5단동사의 정중형은 어미 う단을 い단으로 바꾸어 ます를 접속합니다.

● ~ます ~합니다, ~하겠습니다

ます는 우리말의 「~합니다」의 뜻으로 동사의 성질에 따라 현재의 상태를 정중하게 나타내기도 하고, 습관적으로 계속되는 행동을 나타내기도 합니다. 또한 앞으로의 일, 즉 「~하겠습니다」의 뜻으로 의지 를 나타내기도 합니다.

와따시 まいにち にほんご き
私は 毎日 日本語を 聞きます。 나는 매일 일본어를 듣습니다.
와따시와 마이니찌 니홍고오 기끼마스

まいにち にほんご き
これから 毎日 日本語を 聞きます。 앞으로 매일 일본어를 듣겠습니다.
고레까라 마이니찌 니홍고오 기끼마스

● 5단동사 ~ます

5단동사에 정중한 뜻을 나타내는 ます가 접속할 때 어미 う단이 い단으로 바뀌며, 「~합니다」의 뜻을 나타냅니다.

기본형	의 미	정중형	의 미
書(か)く	쓰다	書きます	씁니다
泳(およ)ぐ	헤엄치다	泳ぎます	헤엄칩니다
買(か)う	사다	買います	삽니다
待(ま)つ	기다리다	待ちます	기다립니다
乗(の)る	타다	乗ります	탑니다
飲(の)む	마시다	飲みます	마십니다
呼(よ)ぶ	부르다	呼びます	부릅니다
死(し)ぬ	죽다	死にます	죽습니다
話(はな)す	이야기하다	話します	이야기합니다

Word
···

毎日(まいにち) 매일　　日本語(にほんご) 일본어　　聞(き)く 듣다, 묻다　　これから 앞으로

A 金田さん、今 どこへ 行きますか。
가네다상   이마 도꼬에 이끼마스까

B 会社へ 行きます。
카이샤에 이끼마스

A いつも この バス停で バスを 待ちますか。
이쯔모 고노 바스떼-데 바스오 마찌마스까

B はい、そうです。
하이   소-데스

A 가네다 씨, 지금 어디 갑니까?

B 회사에 갑니다.

A 항상 이 버스정류장에서 버스를 기다립니까?

B 네, 그렇습니다.

会社
（かいしゃ）
회사

いつも
늘, 항상

バス停（てい）
버스정류장

待（ま）つ
기다리다

Pattern Drill

★ 보기처럼 주어진 말을 우리말 뜻에 맞게 정중형으로 바꿔보세요.

보기

わたしは毎朝新聞を読む   나는 매일 아침 신문을 읽는다

→ わたしは毎朝新聞を読みます。   나는 매일 아침 신문을 읽습니다.

① 鳥は空を飛ぶ   → _____。
새는 하늘을 납니다.

② 喫茶店で先輩を待つ   → _____。
다방에서 선배를 기다립니다.

③ 友達と日本語で話す   → _____。
친구와 일본어로 이야기합니다.

03 1단동사와 변격동사의 정중형

도 라 마 오 요 꾸 미 마 스 까
ドラマを よく 見ますか。
드라마를 　　자주 　　봅니까?

📢 상1단·하1단사의 정중형은 동사형 어미 る를 ます로 바꾸면 됩니다.

● 상1단 · 하1단동사 ~ます

상1단동사나 하1단동사의 경우 마지막 음절인 る를 떼고 ます를 접속하면 정중한 표현이 됩니다.

기본형	의 미	정중형	의 미
見(み)る	보다	見ます	봅니다
起(お)きる	일어나다	起きます	일어납니다
寝(ね)る	자다	寝ます	잡니다
食(た)べる	먹다	食べます	먹습니다

● 변격동사 ~ます

일본어 동사의 대부분은 변격활용을 하지 않고 정격활용을 하지만, 예외적으로 くる(오다)와 する(하다)만은 변격활용을 합니다. 즉, 정격동사는 접속어가 이어질 때 어미만 변하지만, 변격동사는 어간도 어미도 모두 변합니다.

기본형	의 미	정중형	의 미
来(く)る	오다	来(き)ます	옵니다
する	하다	します	합니다

やす　　　　ひ　　なに
あなたは 休みの日は 何を しますか。
아나따와 야스미노히와 나니오 시마스까
당신은 휴일에는 무엇을 합니까?

Word ....

朝(あさ) 아침　ご飯(はん) 밥　休(やす)みの日(ひ) 쉬는 날, 휴일

A 吉村さんは ドラマを よく 見ますか。
요시무라상와 도라마오 요꾸 미마스까

B はい、よく 見ます。
하이   요꾸 미마스

それから ニュースも スポーツも 見ます。
소레까라 뉴-스모 스포-츠모 미마스

A いつも 何時に 寝ますか。
이쯔모 난지니 네마스까

B 10時半に 寝ます。
쥬-지한니 네마스

ドラマ	드라마
よく	잘, 좋게
それから	그리고
スポーツ	스포츠
~時半(じはん)	~시반

A 요시무라 씨는 드라마를 자주 봅니까?
B 네, 자주 봅니다. 그리고 뉴스도 스포츠도 봅니다.
A 항상 몇 시에 잡니까?
B 10시 반에 잡니다.

Pattern Drill

✻ 보기처럼 주어진 말을 우리말 뜻에 맞게 정중형으로 바꿔보세요.

보기

夜はテレビを見る   밤에는 텔레비전을 본다
→ 夜はテレビを見ます。   밤에는 텔레비전을 봅니다.

① お昼は会社で食べる   → _____。
점심은 회사에서 먹습니다.

② 兄は朝早く出かける   → _____。
형은 아침 일찍 나갑니다.

③ 毎日予習と復習をする   → _____。
매일 예습과 복습을 합니다.

04 동사의 정중한 부정

우 찌 데 와 아 마 리 아소비마 셍

うちでは あまり 遊びません。

집에서는 　　　별로　　　　놀지 않아요.

📢 동사에 접속하여 말을 정중하게 바꿔주는 ます의 부정형은 ません입니다.

● ~ません　~하지 않습니다

ません은 동사에 접속하여 정중한 뜻을 나타내는 ます의 부정형으로 「~하지 않습니다, ~하지 않겠습니다」의 뜻으로 사용되며 정중한 부정을 나타냅니다.

わたしは ビールは あまり 飲みません。
와따시와 비-루와 아마리 노미마셍
저는 맥주는 별로 마시지 않습니다.

つくえの 上に 本は ありませんか。
쓰꾸에노 우에니 홍와 아리마셍까
책상 위에 책은 없습니까?

● ~で　~에서

で는 여러 가지 용법으로 쓰이는 조사로 여기서는 동작이 행해지는 장소를 나타낼 때 쓰이는 용법으로 우리말의 「~에서」에 해당합니다.

木村さんを どこで 会いますか。
기무라상오 도꼬데 아이마스까
기무라 씨를 어디에서 만납니까?

わたしは 会社で 昼ご飯を 食べます。
와따시와 카이샤데 히루고항오 다베마스
나는 회사에서 점심을 먹습니다.

Word ●

飲(の)む 마시다　会(あ)う 만나다　昼ご飯(ひるごはん) 점심밥

생생 토크

A 竹田さん、日曜日には どこで 遊びますか。
다께다상　　　　니찌요-비니와 도꼬데 아소비마스까

B 公園で 遊びます。うちでは あまり 遊びません。
코-엔데 아소비마스　　　　우찌데와 아마리 아소비마셍

A だれと 公園で 遊びますか。
다레또 코-엔데 아소비마스까

B 妻と 子供と 遊びます。
쓰마또 고도모또 아소비마스

A 다케다씨, 일요일에는 어디서 놉니까?

B 공원에서 놉니다. 집에서는 별로 놀지 않습니다.

A 누구랑 공원에서 놉니까?

B 아내와 아이와 놉니다.

遊(あそ)ぶ	놀다
公園 (こうえん)	공원
妻(つま)	아내

✏️ **Pattern Drill**

✦ 보기처럼 주어진 말을 우리말 뜻에 맞게 부정문으로 바꿔보세요.

보기

お酒を飲みます。　　　　술을 마십니다.

→ お酒を飲みません。　　　술을 마시지 않습니다.

① コーヒーに砂糖を入れます。　→ _____ 。
　　　　　　　　　　　　　　　　커피에 설탕을 넣지 않습니다.

② 今日木村さんが来ます。　→ _____ 。
　　　　　　　　　　　　　　오늘 기무라 씨는 오지 않습니다.

③ 最近、雑誌を読みます。　→ _____ 。
　　　　　　　　　　　　　요즘에는 잡지는 읽지 않습니다.

105

동사의 정중한 과거

<u>いつ</u> <u>日本に</u> <u>来ましたか。</u>
이 쯔 니혼니 기마시다까
언제   일본에   왔습니까?

📢 동사에 접속하여 말을 정중하게 바꿔주는 ます의 과거형은 ました입니다.

● **~ました** ~했습니다

ました는 동사에 접속하여 정중한 뜻을 나타내는 ます의 과거형으로 우리말의 「~했습니다」의 뜻을
나타내며, ます에 과거·완료를 나타내는 た가 접속된 형태입니다.

기본형	의 미	~ました	의 미
会(あ)う	만나다	会いました	만났습니다
見(み)る	보다	見ました	보았습니다
来(く)る	오다	来(き)ました	왔습니다

きのう デパートで 新型(しんがた)の テレビを 買いました。
기노– 데파–토데 싱가따노 테레비오 가이마시다
어제 백화점에서 신형 텔레비전을 샀습니다.

木村(きむら)さん、きのう どこへ 行(い)きましたか。
기무라상   기노– 도꼬에 이끼마시다까
기무라 씨, 어제 어디에 갔습니까?

● **접두어 お의 용법**

お는 다른 말 앞에 붙어 존경의 뜻을 나타내기 위해 상대방의 소유물이나 관계되는 말 앞에 붙여 쓰는
접두어입니다.

先生(せんせい)の お誕生日(たんじょうび)は いつでしたか。
센세–노 오딴죠–비와 이쯔데시다까
선생님의 생일은 언제였습니까?

Word ....

デパート 백화점   **新型(しんがた)** 신형   テレビ 텔레비전   **誕生日(たんじょうび)** 생일

A 日本語(にほんご)が お上手(じょうず)ですね。どこで 習(なら)いましたか。
니홍고가 오죠-즈데스네　　　　도꼬데 나라이마시다까

B いいえ、まだ 下手(へた)です。韓国(かんこく)で 一年間(いちねんかん) 習(なら)いました。
이-에　　　마다 헤따데스　　　캉꼬꾸데 이찌넹깐 나라이마시다

A いつ 日本(にほん)に 来(き)ましたか。
이쯔 니혼니 기마시다까

B ちょうど 一ヶ月(いっかげつ) 前(まえ)に 来(き)ました。
쵸-도 익까게쯔 마에니 기마시다

A 일본어 잘하시네요. 어디서 배우셨어요?

B 아니오, 아직 서툽니다.
한국에서 1년간 배웠습니다.

A 언제 일본에 오셨어요?

B 딱 1개월 전에 왔습니다.

단어
習(なら)う 배우다, 익히다
まだ 아직
いつ 언제
ちょうど 정확히, 딱, 마침

Pattern Drill

✸ 보기처럼 주어진 말을 우리말 뜻에 맞게 바꿔보세요.

보기

友達(ともだち)と映画(えいが)を見(み)ます。　　친구와 영화를 봅니다.

→ きのう友達(ともだち)と映画(えいが)を見(み)ました。　어제 친구와 영화를 보았습니다.

① 一日中日本語(いちにちじゅうにほんご)の勉強(べんきょう)をします。　→ ＿＿＿＿＿＿＿＿＿＿＿＿＿＿＿。
하루 종일 일본어 공부를 했습니다.

② うちで休(やす)みます。　→ ＿＿＿＿＿＿＿＿＿＿＿＿＿＿＿。
집에서 쉬었습니다.

③ 田舎(いなか)の母(はは)に手紙(てがみ)を書(か)きます。　→ ＿＿＿＿＿＿＿＿＿＿＿＿＿＿＿。
시골 어머니께 편지를 썼습니다.

동사의 정중한 과거부정

기 노 ― 와 도 꼬 에 모 이 끼 마 센 데 시 다
きのうは どこへも 行きませんでした。
어제는　　　　아무 데도　　　　가지 않았습니다.

📢 동사에 접속하여 말을 정중하게 바꿔주는 ます의 과거부정형은 ませんでした입니다.

● **~ませんでした** ~지 않았습니다

ませんでした는 정중한 뜻을 나타내는 ます의 부정형인 ません에 정중한 단정을 나타내는 です의 과거형인 でした가 접속된 형태로 「~지 않았습니다」의 뜻입니다.

기본형	의 미	~ませんでした	의 미
会(あ)う	만나다	会いませんでした	만나지 않았습니다
見(み)る	보다	見ませんでした	보지 않았습니다
来(く)る	오다	来(き)ませんでした	오지 않았습니다

今日は、誰にも 会いませんでした。
쿄―와　　　다레니모 아이마센데시다
오늘은 아무도 만나지 않았습니다.

木村さんは 今年 田舎へ 行きませんでしたか。
기무라상와 고또시 이나까에 이끼마센데시다까
기무라 씨는 올해 시골에 가지 않았습니까?

● **~へ** ~에

へ는 방향을 나타낼 때 쓰이는 조사로 우리말의 「~에」에 해당합니다. 단, へ가 조사로 쓰일 때는 「헤 (he)」로 발음하지 않고 「에 (e)」로 발음한다는 점에 주의해야 합니다.

金さんは きのう どこへ 行きましたか。
김상와 기노― 도꼬에 이끼마시다까
김씨는 어제 어디에 갔습니까?

Word •

会(あ)う 만나다　　今年(ことし) 올해, 금년　　田舎(いなか) 시골

A 金さんは きのう どこかへ 行きましたか。
김상와 기노- 도꼬까에 이끼마시다까

B いいえ、どこへも 行きませんでした。
이-에　　　　도꼬에모 이끼마센데시다

うちに いました。
우찌니 이마시다

A おうちで 何を しましたか。テレビを 見ましたか。
오우찌데 나니오 시마시다까　　　　　　테레비오 미마시다까

B いいえ、テレビは 見ませんでした。ずっと 寝ました。
이-에　　　테레비와 미마센데시다　　　　　즛또 네마시다

A 김씨는 어제 어딘가에 갔나요?

B 아니오, 아무 데도 안 갔습니다. 집에 있었어요.

A 집에서 뭘 했어요? 텔레비전을 봤나요?

B 아니오. 텔레비전은 안 봤습니다. 계속 잤어요.

うち
집, 안
ずっと
쭉, 줄곧
寝(ね)る
자다

Pattern Drill

★ 보기처럼 주어진 말을 우리말 뜻에 맞게 바꿔보세요.

보기

会社へ 行きません。　　　　　회사에 가지 않습니다.

→ きのう会社へ 行きませんでした。　어제 회사에 가지 않았습니다.

① 何も 食べません。　　　　→ _____ 。
아무것도 먹지 않았습니다.

② どこへも 出かけません。　→ _____ 。
아무 데도 가지 않았습니다.

③ 教室の 中には だれも いません。　→ _____ 。
교실 안에는 아무도 없었습니다.

109

아 소 꼬 니 미 에 루 노 가 후 지 산 데 스 까
<u>あそこに</u> 見えるの<u>が</u> 富士山ですか。

저기에　　　　보이는 것이　　　　후지산입니까?

📢 일본어에서는 동사 뒤에 체언(명사)이 오면 기본형 상태를 취하는데, 이것을 연체형이라고 합니다.

● 동사의 연체형

우리말에는 동사 뒤에 체언이 이어지면 「보이다＋것」의 형태가 「보이는＋것」으로 동사의 어미가 변하지만, 일본어 동사는 어미의 형태가 변하지 않고 위의 「見える＋の」의 형태에서 알 수 있듯이 기본형 상태에 체언이 이어집니다. 이것을 문법에서는 「연체형(連体形)」이라고 합니다.

기본형	의 미	연체형	의 미
会う	만나다	会うとき	만날 때
呼ぶ	부르다	呼ぶとき	부를 때
見る	보다	見るとき	볼 때
来る	오다	来るとき	올 때

今日 会う 人は ソウルから 来る 金さんです。
쿄－ 아우 히또와 소우루까라 구루 김상데스
오늘 만날 사람은 서울에서 오는 김씨입니다.

部屋の 中に いる 子供は 何人ですか。
헤야노 나까니 이루 고도모와 난닌데스까
방 안에 있는 어린이는 몇 명입니까?

あなたは 寝る 前に 電灯を 消しますか。
아나따와 네루 마에니 덴또－오 게시마스까
당신은 자기 전에 전등을 끕니까?

Word ・・・

今日(きょう) 오늘　電灯(でんとう) 전등　消(け)す 끄다

생생 토크

A あそこに 見(み)えるのが 富士山(ふじさん)ですか。

아소꼬니 미에루노가 후지산데스까

B はい。日本(にほん)で いちばん 高(たか)い 山(やま)です。

하이　니혼데 이찌반 다까이 야마데스

A 頂上(ちょうじょう)まで 登(のぼ)るのは 大変(たいへん)ですか。

쵸-죠-마데 노보루노와 다이헨데스까

B はい。わたしは 大変(たいへん)でした。

하이　　와따시와 다이헨데시다

A 저기 보이는 게 후지산입니까?

B 네, 일본에서 가장 높은 산입니다.

A 정상까지 오르는 데 힘듭니까?

B 네. 저는 힘들었습니다.

見(み)える
보이다

一番
(いちばん)
가장, 제일

頂上(ちょう
じょう)
정상, 꼭대기

登(のぼ)る
오르다

大変
(たいへん)だ
힘들다, 큰일이다

Pattern Drill

★ 보기처럼 주어진 말을 우리말 뜻에 맞게 완성해보세요.

보기

帰(かえ)りはタクシーに乗(の)ります / つもりです　　귀가는 택시를 탑니다 / 생각입니다

→ 帰(かえ)りはタクシーに乗るつもりです。　　귀가는 택시를 탈 생각입니다.

① あした来(き)ます / 人(ひと)は誰(だれ)ですか　→ ＿＿＿＿＿＿＿＿＿＿＿＿＿＿＿。

내일 올 사람은 누구입니까?

② 部屋(へや)にいます / 人(ひと)は誰(だれ)ですか　→ ＿＿＿＿＿＿＿＿＿＿＿＿＿＿＿。

방에 있는 사람은 누구입니까?

③ いつ出発(しゅっぱつ)します / 予定(よてい)ですか　→ ＿＿＿＿＿＿＿＿＿＿＿＿＿＿＿。

언제 출발할 예정입니까

08 예외 동사의 정중형

난 지 고 로　우 찌 에　가에리 마 스 까
何時ごろ うちへ 帰りますか。
몇 시쯤　　　　집에　　　　돌아갑니까?

🔊 형태상 1단동사를 취하지만 예외적으로 5단활용을 하는 동사가 있으므로 잘 익혀두어야 합니다.

● 예외적인 5단동사

일본어 동사 중에 끝음절이 る인 경우 어미 바로 앞 음절이 い단이면 상1단동사이고, え단이면 하1단 동사입니다. 이 외에 あ단, う단, お단에 속하면 무조건 5단동사입니다. 그러나 る 바로 앞 음절이 い 단과 え단에 속하더라도 상1단, 하1단동사의 활용을 하지 않고 예외적으로 5단동사 활용을 하는 것들 이 있습니다. 예를 들면 다음과 같습니다.

入る 들어가다	切る 자르다	知る 알다
要る 필요하다	散る 떨어지다	走る 달리다
帰る 돌아가다	蹴る 차다	減る 줄다

기본형	~ます(×)	~ます(○)	의 미
知(し)る	知ます	知ります	압니다
入(はい)る	入ます	入ります	들어갑니다
走(はし)る	走ます	走ります	달립니다
帰(かえ)る	帰ます	帰ります	돌아갑니다

わたしは 何も 知りませんでした。
와따시와 나니모 시리마셴데시다
나는 아무 것도 몰랐습니다.

訪問客が 帰りました。
호－몽캬꾸가 가에리마시다
방문객이 돌아갔습니다.

Word ●

何(なに)も 아무 것도　　**訪問客(ほうもんきゃく)** 방문객

생생토크

A 田中さんは 何時ごろ うちへ 帰りますか。
다나까상와 난지고로 우찌에 가에리마스까

B ふつう、午後 六時半ごろ うちへ 帰ります。
후쯔- 고고 로꾸지항고로 우찌에 가에리마스

A うちへ 帰って、まず 何を しますか。
우찌에 가엣데 마즈 나니오 시마스까

B まず、お風呂に 入ります。
마즈 오후로니 하이리마스

A 다나카 씨는 몇 시쯤 집에 돌아갑니까?

B 보통, 오후 6시반 쯤에 집에 갑니다.

A 집에 가서, 먼저 뭘 하세요?

B 먼저, 목욕을 합니다.

> **まず**
> 우선, 먼저
>
> **お風呂(ふろ) に入(はい)る**
> 목욕을 하다

Pattern Drill

✱ 보기처럼 주어진 말을 우리말 뜻에 맞게 바꿔보세요.

> **보기**
>
> 今日は一時間早く帰る　　　오늘은 1시간 일찍 돌아간다
>
> → 今日は一時間早く帰ります。　오늘은 1시간 일찍 돌아갑니다.

① 彼の秘密を知る　→ ＿＿＿＿＿＿＿＿＿＿＿＿＿。
그의 비밀을 압니다.

② 彼女は大学に入る　→ ＿＿＿＿＿＿＿＿＿＿＿＿＿。
그녀는 대학에 들어갔습니다.

③ あの子は廊下で走る　→ ＿＿＿＿＿＿＿＿＿＿＿＿＿。
저 아이는 복도에서 달리지 않았습니다.

113

동사의 구별방법

단 \ 행	あ行	か行	が行	さ行	た行	な行	ば行	ま行	ら行	동사 결정
あ段	あ a	か ka	が ga	さ sa	た ta	な na	ば ba	ま ma	ら ra	5단동사 결정
い段	い i	き ki	ぎ gi	し shi	ち chi	に ni	び bi	み mi	り ri	상1단동사 결정
う段	う u	く ku	ぐ gu	す su	つ tsu	ぬ nu	ぶ bu	む mu	る ru	동사어미
え段	え e	け ke	げ ge	せ se	て te	ね ne	べ be	め me	れ re	하1단동사 결정
お段	お o	こ ko	ご go	そ so	と to	の no	ぼ bo	も mo	ろ ro	5단동사 결정

5단활용동사
5단동사의 어미는 모두 9가지로 일단 る가 아니면 모두 5단동사입니다. 단, 어미가 る로 끝나는 동사는
어미 る 바로 앞 음절이 **あ段, う段, お段**에 속하면 무조건 5단동사입니다.

        ある(a ru)   →   **る** 앞의 음절이 **あ**단에 속함

        うる(u ru)   →   **る** 앞의 음절이 **う**단에 속함

        のる(no ru)   →   **る** 앞의 음절이 **お**단에 속함

상1단활용동사
어미 る 바로 앞 음절이 **い段(い き ぎ し ち に び み り)**에 속하면 상1단동사입니다.

        みる(mi ru)   →   **る** 앞의 음절이 **い**단에 속함

        おきる (oki ru)   →   **る** 앞의 음절이 **い**단에 속함

하1단활용동사
어미 る 바로 앞 음절이 **え段(え け げ せ て ね べ め れ)**에 속하면 하1단동사입니다.

          たべる(tabe ru)   →   **る** 앞의 음절이 **え**단에 속함

          しめる(sime ru)   →   **る** 앞의 음절이 **え**단에 속함

Part
08

접속표현
て형 익히기

여기서는 지금까지 배운 활용어, 즉 형용사, 형용동
사, 동사에 접속조사 て(で)가 연결되는 형태를 중점적
으로 익히게 됩니다. 접속조사 て는 우리말의 「~하고, ~
하며, ~해서」등에 해당하는 말로, 두 문장을 접속하여 연
결시키거나 나열, 원인, 이유, 설명 등을 나타냅니다.

네 담 모 야스꾸떼   오 이 시 - 데 스
値段も 安くて、おいしいです。

가격도   싸고   맛있습니다.

📢 형용사 어미 い가 く로 바뀌어 접속조사 て가 이어지면 원인, 이유, 설명, 나열을 나타냅니다.

● 형용사 ~く ~하게

형용사의 어미 い가 く로 바뀌어 뒤에 용언이 이어지면 「~하게」의 뜻으로 부사적인 용법으로 쓰입니다.

レストランで 料理を おいしく 食べました。
레스토란데 료-리오 오이시꾸 다베마시다
레스토랑에서 요리를 맛있게 먹었습니다.

その 問題は よく 考えます。
소노 몬다이와 요꾸 강가에마스
그 문제는 잘 생각하겠습니다.

● 형용사 ~くて ~하고, ~하며

~くて는 형용사에 접속조사 て가 이어진 형태로 형용사의 기본형 어미 い가 く로 바뀐 것입니다. 이때 ~くて는 앞의 형용사를 뒤의 말과 연결하거나 나열, 원인, 이유를 나타내기도 합니다. 우리말 해석은 「~(하)고, ~(하)며, ~(하)여」 등으로 합니다.

この レストランは 安くて おいしいです。
고노 레스토랑와 야스꾸떼 오이시-데스
이 레스토랑은 싸고 맛있습니다.

あまり 暑くて 今日の 遠足は 中止しました。
아마리 아쯔꾸떼 쿄-노 엔소꾸와 츄-시시마시다
너무 더워서 오늘 소풍은 중지했습니다.

Word ....

レストラン 레스토랑   料理(りょうり) 요리   おいしい 맛있다   問題(もんだい) 문제
考(かんが)える 생각하다 暑(あつ)い 덥다 遠足(えんそく) 소풍 中止(ちゅうし)する 중지하다

A あの レストランは どうですか。
아노 레스토랑와 도-데스까

B 値段_{ねだん}も 安_{やす}くて、とても おいしいです。
네담모 야스꾸떼   도떼모 오이시-데스

A ステーキも おいしいですか。
스테-키모 오이시-데스까

B はい、おいしくて いつも 食_たべます。
하이   오이시꾸떼 이쯔모 다베마스

| 値段(ねだん) |
| 가격, 값 |
| 安(やす)い |
| (값이) 싸다 |
| ステーキ |
| 스테이크 |
| いつも |
| 늘, 항상 |

A 저기 레스토랑은 어때요?

B 가격도 싸고, 매우 맛있습니다.

A 스테이크도 맛있어요?

B 네, 맛있어서 늘 먹습니다.

Pattern Drill

★ 보기처럼 주어진 말을 우리말 뜻에 맞게 문장을 완성해보세요.

보기

家賃_{やちん}も 安_{やす}い / 周_{まわ}りも 静_{しず}かだ   집세도 싸다 / 주위도 조용하다

→ 家賃も 安くて 周りも 静かです。   집세도 싸고 주위도 조용합니다.

① 距離_{きょり}も 近_{ちか}い / 交通_{こうつう}も 便利_{べんり}だ   → _____。
거리도 가깝고 교통도 편합니다.

② 料理_{りょうり}も おいしい / 値段_{ねだん}も 安_{やす}い   → _____。
요리도 맛있고 가격도 쌉니다.

③ あまりにも 寒_{さむ}い / 外_{そと}へ 出_でません   → _____。
너무나도 추워서 밖에 나가지 않았습니다.

02 형용동사의 접속·연결 표현

> 아 노 호 테 루 와 시 즈 까 데 기 레 - 데 스 까
> # あの ホテルは 静かで きれいですか。
> 저　　　호텔은　　　조용하고　　　　깨끗합니까?

📢 형용동사의 で형은 형용사의 て와 마찬가지로 나열, 원인, 이유, 설명을 나타냅니다.

● 형용동사 ~で ~하고, ~하며

で은 형용동사의 중지형으로 기본형 어미 -だ가 で로 바뀐 형태입니다. で는 문장을 중지하거나 앞의
형용동사를 뒤의 문장과 연결할 때도 쓰입니다. 또한 앞서 배운 형용사의 ~くて와 마찬가지로 「~하
고, ~하며, ~하여」의 뜻으로 나열, 원인, 이유, 설명을 나타내기도 합니다.

ここは 静かで あそこは うるさいです。
고꼬와 시즈까데 아소꼬와 우루사이데스
여기는 조용하고 저기는 시끄럽습니다.

ここは 静かで なかなか いいですね。
고꼬와 시즈까데 나까나까 이-데스네
여기는 조용해서 상당히 좋군요.

● ~が ~하지만

が가 주격조사로 쓰일 때는 「~이(가)」의 뜻이지만, 용언 뒤에서 접속조사로 쓰일 때는 「~지만, ~는데」
의 뜻으로 앞뒤의 사항을 연결시키거나, 의사를 완곡하게 나타낼 때 쓰입니다.

値段は 安いですが、品質は よく ありません。
네당와 야스이데스가　　　힌시쯔와 요꾸 아리마셍
가격은 싸지만, 품질은 좋지 않습니다.

木村さんは 行きますが、わたしは 行きません。
기무라상와 이끼마스가　　　　　와따시와 이끼마셍
기무라 씨는 갑니다만, 저는 가지 않습니다.

Word ⋯⋯

うるさい 시끄럽다　**いい** 좋다　**品質(ひんしつ)** 품질

A あの ホテルは 静かで きれいですか。
아노 호테루와 시즈까데 기레-데스까

B そうですね。
소-데스네

静かですが、あまり きれいじゃ ありません。
시즈까데스가   아마리 기레-쟈 아리마셍

A サービスは どうですか。
사-비스와 도-데스까

B サービスは いいですが、あまり 人は いません。
사-비스와 이-데스가   아마리 히또와 이마셍

ホテル	호텔	
サービス	서비스	
人(ひと)	사람	

A 저기 호텔은 조용하고 깨끗합니까?
B 글쎄요. 조용하지만, 별로 깨끗하진 않습니다.
A 서비스는 어떻습니까?
B 서비스는 좋은데, 별로 사람이 없습니다.

Pattern Drill

✱ 보기처럼 주어진 말을 우리말 뜻에 맞게 문장을 완성해보세요.

보기

このレストランは静かだ / きれいだ   이 레스토랑은 조용하다 / 깨끗하다

→ このレストランは静かできれいです。 이 레스토랑은 깨끗하고 조용합니다.

① 交通も便利だ / 家賃も安い   → _____。
교통도 편하고 집세도 쌉니다.

② あの人は有名だ / 性格もいい   → _____。
저 사람은 유명하고 성격도 좋습니다.

③ 日本語も上手だ / 英語も上手だ → _____。
일본어도 잘하고 영어도 잘합니다.

03 5단동사의 접속 · 연결 표현 (イ음편)

옹 가꾸 모 기 이 떼 슈꾸다이 모 시 마 스
音楽も 聞いて 宿題も します。
음악도   듣고   숙제도   합니다.

📢 5단동사 중에 어미가 く, ぐ인 경우 접속조사 て가 연결될 때는 いて, いで의 형태를 취합니다.

● 동사 ~いて · いで (イ음편)

5단동사의 기본형 어미가 く · ぐ인 경우에 나열 · 동작의 연결 · 원인 · 이유 · 설명을 나타내는 접속조사 て가 이어질 때는 어미 く · ぐ가 い로 바뀝니다. 이것을 음편(音便)이라고 합니다. 단, 어미가 ぐ인 경우는 탁음이 て에 이어져 で로 연탁(連濁)이 되므로 주의해야 합니다.

기본형	의 미	~いて (で)	의 미
書(か)く	쓰다	書いて	쓰고, 써서
聞(き)く	듣다	聞いて	듣고, 들어서
泳(およ)ぐ	헤엄치다	泳いで	헤엄치고, 헤엄쳐서
脱(ぬ)ぐ	벗다	脱いで	벗고, 벗어서

よるおそ   か   ね
夜遅くまで レポートを 書いて 寝ました。
요루오소꾸마데 레포-토오 가이떼 네마시다
밤늦게까지 리포트를 쓰고 잤습니다.

せんせい   せつめい   き   しつもん
先生の 説明を よく 聞いて 質問しました。
센세-노 세쯔메-오 요꾸 기이떼 시쯔몬시마시다
선생님의 설명을 잘 듣고 질문했습니다.

ぼうし   ぬ   へ や   なか   はい
帽子を 脱いで 部屋の 中に 入ります。
보-시오 누이데 헤야노 나까니 하이리마스
모자를 벗고 방 안에 들어갑니다.

Word ....

夜遅(よるおそ)く 밤늦게   レポート 리포트   説明(せつめい) 설명   質問(しつもん)する 질문하다   帽子(ぼうし) 모자   脱(ぬ)ぐ 벗다

120

A 加藤さん、日曜日には 何を しますか。
かとう　　にちようび　　なに
가또-상　　　　　니찌요-비니와 나니오 시마스까

B うちで 音楽も 聞いて 宿題も します。
おんがく　き　　しゅくだい
우찌데 옹가꾸모 기이떼 슈꾸다이모 시마스

A きのうは 何を しましたか。
なに
기노-와 나니오 시마시다까

B 友だちに 手紙を 書いて 買物を しました。
とも　　てがみ　か　　かいもの
도모다찌니 데가미오 가이떼 가이모노오 시마시다

A 가토 씨는 일요일에 뭘 합니까?
B 집에서 음악도 듣고 숙제도 합니다.
A 어제는 뭘 했어요?
B 친구에게 편지를 쓰고 쇼핑을 했습니다.

| 音楽 (おんがく) 음악 |
| 宿題 (しゅくだい) 숙제 |
| 友達 (ともだち) 친구 |
| 手紙(てがみ) 편지 |

Pattern Drill

★ 보기처럼 주어진 말을 우리말 뜻에 맞게 문장을 완성해보세요.

보기

漢字を書く / 遊ぶ
かんじ　か　あそ
한자를 쓰다 / 놀다

→ 漢字を書いて遊びました。
한자를 쓰고 놀았습니다.

① 上着を脱ぐ / 食事をする
うわぎ　ぬ　しょくじ
→ _____ 。
겉옷을 벗고 식사를 했습니다.

② 泳ぐ / 川を渡る
およ　かわ　わた
→ _____ 。
헤엄쳐 강을 건넜습니다.

③ その話を聞く / びっくりする
はなし　き
→ _____ 。
그 이야기를 듣고 깜짝 놀랐습니다.

121

04 5단동사의 접속 · 연결 표현 (촉음편)

> 덴 샤 니 　 낫 　 떼 　 이 끼 마 스
> # 電車に 乗って 行きます。
> 전철을 　 　 타고 　 　 갑니다.
>
> 📢 어미가 う, つ, る인 5단동사에 접속조사 て가 이어질 때는 って의 형태를 취합니다.

● 동사 ~って (촉음편)

5단동사의 기본형 어미가 う · つ · る인 경우에 나열 · 동작의 연결 · 원인 · 이유 · 설명을 나타내는 접속조사 て가 이어질 때는 어미 う · つ · る가 촉음 っ로 바뀝니다. 이것을 촉음편(促音便), 또는 つまる음편이라고도 합니다.

기본형	의 미	~って	의 미
買(か)う	사다	買って	사고, 사서
待(ま)つ	기다리다	待って	기다리고, 기다려서
乗(の)る	타다	乗って	타고, 타서

せんせい　あ　　　そうだん
先生に 会って 相談する つもりです。
센세-니 앗떼 소-단스루 쓰모리데스
선생님을 만나서 상담할 생각입니다.

の　　　　　　　　　かえ
バスに 乗って うちへ 帰りました。
바스니 놋떼 우찌에 가에리마시다
버스를 타고 집에 왔습니다.

● ~に 乗る / 会う ~을(를) 타다 / 만나다

우리말의 「~을(를) 타다」, 「~을(를) 만나다」를 일본어로 표현할 때는 그 대상어 다음에 조사 を(을/를)를 쓰지 않고 반드시 に를 써야 합니다.

택시를 타다 　　 タクシーを 乗る(×) 　　 タクシーに 乗る (○)
　　　　　　　　　　 ともだち　あ　　　　　　　　 ともだち　あ
친구를 만나다 　　 友達を 会う(×) 　　 友達に 会う(○)

Word ···

相談(そうだん) 상담, 의논 · **バス** 버스 　 **帰(かえ)る** 돌아가다, 돌아오다

A 木村さんは 会社まで 何に 乗って 行きますか。
きむら かいしゃ なに の い

기무라상와 카이샤마데 나니니 놋떼 이끼마스까

B 電車に 乗って 行きます。
でんしゃ の い

덴샤니 놋떼 이끼마스

A おうちから 電車の 駅までは どうやって 行きますか。
でんしゃ えき い

오우찌까라 덴샤노 에끼마데와 도-얏떼 이끼마스까

B 歩いて 行きます。
ある い

아루이떼 이끼마스

会社（かいしゃ） 회사
駅（えき） 역
どうやって 어떻게
歩（ある）く 걷다

A 기무라 씨는 회사까지 뭘 타고 가세요?

B 전철을 타고 갑니다.

A 댁에서 전철역까지는 어떻게 가세요?

B 걸어서 갑니다.

Pattern Drill

✱ 보기처럼 주어진 말을 우리말 뜻에 맞게 문장을 완성해보세요.

보기

田中さんに 会う / 話す
たなか あ はな

다나카 씨를 만나다 / 이야기하다

→ 田中さんに 会って 話しました。

다나카 씨를 만나서 이야기했습니다.

① かばんを 持つ / 歩く → ＿＿＿＿＿＿＿＿＿＿＿＿。
も ある

가방을 들고 걸었습니다.

② 電車に 乗る / 会社へ 行く → ＿＿＿＿＿＿＿＿＿＿＿＿。
でんしゃ の かいしゃ い

전철을 타고 회사에 갔습니다.

③ 手を 洗う / ご飯を 食べる → ＿＿＿＿＿＿＿＿＿＿＿＿。
て あら はん た

손을 씻고 밥을 먹었습니다.

123

고-엔 데 아손 데 에-가 모 미 마시 다
公園で 遊んで 映画も 見ました。
공원에서 　　　 놀고 　　　 영화도 　　　 봤습니다.

🔊 어미가 む, ぶ, ぬ인 5단동사에 접속조사 て가 이어질 때는 んで의 형태로 바뀝니다.

● 동사 ～んで (하네루 음편)

5단동사의 기본형 어미가 ぬ·む·ぶ인 경우에 나열·동작의 연결·원인·이유·설명을 나타내는 접속조사 て가 이어질 때는 어미 ぬ·む·ぶ가 하네루 음인 ん으로 바뀝니다. 이것을 하네루 음편(はねる 音便)이라고 합니다. 하네루 음편의 경우는 ん의 영향으로 접속조사 て가 で로 탁음이 됩니다.

기본형	의 미	～んで	의 미
飲(の)む	마시다	飲んで	마시고, 마셔서
呼(よ)ぶ	부르다	呼んで	부르고, 불러서
死(し)ぬ	죽다	死んで	죽고, 죽어서

まいにちしんぶん よ き
毎日新聞を 読んで ニュースを 聞きます。
마이니찌 심붕오 욘데 뉴-스오 기끼마스
매일 신문을 읽고 뉴스를 듣습니다.

ともだち おお こえ なまえ よ
友達が 大きな 声で 名前を 呼んでいます。
도모다찌가 오-끼나 고에데 나마에오 욘데 이마스
친구가 큰 소리로 이름을 부르고 있습니다.

した ゆうじん し な
親しい 友人が 死んで 泣きました。
시따시- 유-징가 신데 나끼마시다
친한 친구가 죽어서 울었습니다.

Word ....

新聞(しんぶん) 신문 　 ニュース 뉴스 　 大(おお)きな 커다란 　 声(こえ) 목소리
名前(なまえ) 이름 　 親(した)しい 친하다 　 友人(ゆうじん) 친구 　 泣(な)く 울다

A 吉田さん、きのうは 何を しましたか。
　　요시다상　　　　　기노-와 나니오 시마시다까

B 友達と 公園で 遊んで、映画も 見ました。
　　도모다찌또 코-엔데 아손데　　　에-가모 미마시다

A その あとは 何を しましたか。
　　소노 아또와 나니오 시마시다까

B お酒を 飲んで、カラオケにも 行きました。
　　오사께오 논데　　　　　카라오케니모 이끼마시따

A 요시다 씨, 어제는 뭘 하셨어요?

B 친구랑 공원에서 놀고, 영화도 봤습니다.

A 그 다음에는 뭐하셨어요?

B 술을 마시고, 가라오케에도 갔습니다.

遊(あそ)ぶ
놀다

映画(えいが)
영화

後(あと)
뒤, 나중

お酒(さけ)
술

カラオケ
가라오케, 노래방

Pattern Drill

★ 보기처럼 주어진 말을 우리말 뜻에 맞게 문장을 완성해보세요.

보기

薬を飲む / ぐっすり休む　　　약을 먹다 / 푹 쉬다

→ 薬を飲んでぐっすり休みました。　약을 먹고 푹 쉬었습니다.

① 本を読む / 発表する　　　→ ＿＿＿＿＿＿＿＿＿＿＿＿。
　　　　　　　　　　　　　　책을 읽고 발표했습니다.

② かわいい子犬が死ぬ / 泣く　→ ＿＿＿＿＿＿＿＿＿＿＿＿。
　　　　　　　　　　　　　　귀여운 강아지가 죽어서 울었습니다.

③ 机を運ぶ / 部屋を片付ける　→ ＿＿＿＿＿＿＿＿＿＿＿＿。
　　　　　　　　　　　　　　책상을 옮겨 방을 치웠습니다.

5단동사의 접속·연결 표현 (무음편과 예외)

스 토 ー 부 오 게 시 떼 기 마 시 다
ストーブを 消して きました。
스토브를   끄고   왔습니다.

📢 5단동사 중에 어미가 す인 경우에는 음편을 하지 않고 ます가 접속될 때와 동일합니다.

● 5단동사의 무음편과 예외

5단동사 중에 어미가 す로 끝나는 것은 ます가 접속될 때와 마찬가지로 음편을 하지 않습니다. 또한 5단동사 중에 유일하게 行く(가다)만은 い음편을 하지 않고 つまる음편을 합니다.

기본형	의 미	~て	의 미
話(はな)す	이야기하다	話して	이야기하고
消(け)す	끄다	消して	끄고, 꺼서
行(い)く	가다	行って	가고, 가서

かのじょ おもしろ はな
彼女が 面白い ことを 話して くれました。
가노죠가 오모시로이 고또오 하나시떼 구레마시다
그녀가 재미있는 이야기를 해 주었습니다.

じ む しょ でんとう け かえ き
事務所の 電灯を 消して うちへ 帰って 来ました。
지무쇼노 덴또ー오 게시떼 우찌에 가엣떼 기마시다
사무실 전등을 끄고 집에 돌아왔습니다.

こうえん い かのじょ あ
公園へ 行って 彼女に 会いました。
코ー엥에 잇떼 카노죠니 아이마시다
공원에 가서 그녀를 만났습니다.

Word ··

彼女(かのじょ) 그녀   **面白(おもしろ)い** 재미있다   **事(こと)** 일, 것   **事務所(じむしょ)**
사무소(실)

A 木下さん、さっき どこへ 行って きましたか。
기노시따상   삭끼 도꼬에 잇떼 기마시다까

B 部屋の ストーブを 消して きました。
헤야노 스토-부오 게시떼 기마시다

A 今日 仕事が 終わって 何を する つもりですか。
쿄- 시고또가 오왓떼 나니오 스루 쓰모리데스까

B 彼女に 会って 映画を 見る つもりです。
카노죠니 앗떼 에-가오 미루 쓰모리데스

A 기노시타 씨, 방금 어디 다녀오셨어요?
B 방에 스토브를 끄고 왔어요.
A 오늘 일이 끝나고 뭐 하실 거예요?
B 여자친구를 만나 영화를 볼 생각입니다.

さっき 아까, 조금전

ストーブ 스토브

仕事(しごと) 일

終(お)わる 끝나다

Pattern Drill

★ 보기처럼 주어진 말을 우리말 뜻에 맞게 문장을 완성해보세요.

보기

火を消す / 寝る   불을 끄다 / 자다
→ 火を消して寝ました。   불을 끄고 잤습니다.

① 彼は欠点を直す / くれる   → _____ 。
그는 결점을 고쳐 주었습니다.

② 彼女はすべてを話す / くれる → _____ 。
그녀는 모든 것을 말을 해 주었습니다.

③ 海へ行く / 一日を過ごす   → _____ 。
바다에 가서 하루를 보냈습니다.

127

07 1단동사의 접속·연결 표현 (무음편)

아사 오 끼 떼 나니 오 시 마 스 까
朝 起きて 何を しますか。

아침에 일어나서　　무엇을　　합니까?

📢 상1단·하1단동사에 접속조사 て가 이어질 때는 ます가 접속될 때와 동일합니다.

● 상1단·하1단동사 ~て ~하여, ~하며

상1단·하1단동사와 변격동사의 경우 접속조사 て가 이어질 때는 앞서 배운 ます가 접속할 때와 마찬가지로 어미 る가 생략된 형태에 이어집니다. 이것을 일본의 학교문법에서는 연용형이라고 하지만, 여기서는 편의상 て형으로 하겠습니다.

기본형	의 미	~て	의 미
見(み)る	보다	見て	보고, 보아서
起(お)きる	일어나다	起きて	일어나고, 일어나서
寝(ね)る	자다	寝て	자고, 자서
食(た)べる	먹다	食べて	먹고, 먹어서

せんせい すうがく おし えいご おし
あの 先生は 数学も 教えて 英語も 教えます。
아노 센세ー와 스ー가꾸모 오시에떼 에ー고모 오시에마스
저 선생님은 수학도 가르치고 영어도 가르칩니다.

あさ ろく じ お み あさ はん た
朝 六時に 起きて ニュースを 見て 朝ご飯を 食べます。
아사 로꾸지니 오끼떼 뉴ー스오 미떼 아사고항오 다베마스
아침 6시에 일어나서 뉴스를 보고 아침밥을 먹습니다.

ばん はん た み ね
晩ご飯を 食べて テレビの ドラマを 見て 寝ます。
방고항오 다베떼 테레비노 도라마오 미떼 네마스
저녁밥을 먹고 텔레비전 드라마를 보고 잡니다.

Word ....

数学(すうがく) 수학　　**教(おし)える** 가르치다　　**晩ご飯(ばんごはん)** 저녁밥　　**ドラマ**
드라마　　**寝(ね)る** 자다

생생 토크

A 宮本さんは 朝 起きて 何を しますか。
미야모또상와 아사 오끼떼 나니오 시마스까

B 新聞を 読んで、庭で 体操を します。
심붕오 욘데   니와데 타이소-오 시마스

A それでは、夜 寝る 前は 何を しますか。
소레데와   요루 네루 마에와 나니오 시마스까

B ニュースを 見て、日記を 書きます。
뉴-스오 미떼   닉끼오 가끼마스

A 미야모토 씨는 아침에 일어나서 뭐하세요?
B 신문을 읽고, 정원에서 체조를 합니다.
A 그러면, 밤에 자기 전에는 뭐하세요?
B 뉴스를 보고, 일기를 씁니다.

朝(あさ)	아침
起(お)きる	일어나다
新聞(しんぶん)	신문
庭(にわ)	뜰, 정원
体操(たいそう)	체조
夜(よる)	밤
日記(にっき)	일기

Pattern Drill

★ 보기처럼 주어진 말을 우리말 뜻에 맞게 문장을 완성해보세요.

보기

ドラマを見る / 寝る   드라마를 보다 / 자다
→ ドラマを見て寝ました。   드라마를 보고 잤습니다.

① ご飯を食べる / 新聞を読む   → _____ 。
밥을 먹고 신문을 읽었습니다.

② ドアを閉める / 外出する   → _____ 。
문을 닫고 외출했습니다.

③ 朝早く起きる / 散歩をする   → _____ 。
아침 일찍 일어나서 산책을 했습니다.

변격동사와 예외동사의 접속·연결 표현

소- 당오 시떼 가엣 떼 기 마 시 다
相談を して 帰って 来ました。
상담을 　　하고　　돌아　　　왔습니다.

📢 변격동사 くる, する에 접속조사 て가 이어지면 きて, して의 형태가 됩니다.

● 변격동사 ~て ~하고, 하며

변격동사인 くる(오다)와 する(하다)에 나열·동작의 연결·원인·이유·설명을 나타내는 접속조사 て가 이어질 때도 ます가 접속될 때와 마찬가지로 어간이 き·し로 변하고 어미 る가 탈락됩니다.

ゆうべ、友達が 来て 勉強できませんでした。
유-베　　도모다찌가 기떼 벵꾜- 데끼마센데시다
어젯밤, 친구가 와서 공부할 수 없었습니다.

木村さんは 今 何を して いますか。
기무라상와 이마 나니오 시떼 이마스까
기무라 씨는 지금 무엇을 하고 있습니까?

● 예외적인 5단동사 ~て ~하고, 하며

형태상 1단동사이지만 5단동사 활용을 하는 예외적인 5단동사는 어미가 る이므로 촉음편을 합니다.

기본형	~て(✕)	~って(○)	의 미
知(し)る	知て	知って	알고, 알아서
入(はい)る	入て	入って	들어가고, 들어가서
走(はし)る	走て	走って	달리고, 달려서
帰(かえ)る	帰て	帰って	돌아가고, 돌아가서

木村さんは うちへ 帰って 何を しますか。
기무라상와 우찌에 가엣떼 나니오 시마스까
기무라 씨는 집에 돌아가서 무엇을 합니까?

Word ....

　勉強(べんきょう) 공부　　**できる** 할 수 있다

A ソウルへ 行って 何を して 帰って 来ましたか。

소우루에 잇떼 나니오 시떼 가엣떼 기마시다까

B 先生に 会って 相談を して 帰って 来ました。

센세-니 앗떼 소-당오 시떼 가엣떼 기마시다

A それだけですか。

소레다께데스까

B いいえ、実は 明洞に 行って 買物も して 来ました。

이-에   지쓰와 명동니 잇떼 가이모노모 시떼 기마시다

A 서울에 가서 뭐하고 돌아오셨습니까?

B 선생님을 만나서 상담을 하고 돌아왔습니다.

A 그것뿐이에요?

B 아니오, 실은 명동에 가서 쇼핑도 하고 왔습니다.

> ~だけ
> ~만, 뿐
>
> 実(じつ)は
> (사)실은
>
> 買物
> (かいもの)
> 쇼핑

Pattern Drill

★ 보기처럼 주어진 말을 우리말 뜻에 맞게 문장을 완성해보세요.

보기

友達が来る / 遊ぶ　　　　친구가 오다 / 놀다

→ 友達が来て遊びました。　　친구가 와서 놀았습니다.

① 宿題をする / 外へ出る　　→ ＿＿＿＿＿＿＿＿＿＿＿＿＿＿。

숙제를 하고 밖에 나갔습니다.

② うちへ帰る / 夕ご飯を食べる　→ ＿＿＿＿＿＿＿＿＿＿＿＿＿＿。

집에 돌아와서 저녁밥을 먹었습니다.

③ 部屋に入る / 掃除をする　　→ ＿＿＿＿＿＿＿＿＿＿＿＿＿＿。

방에 들어가서 청소를 했습니다.

가족의 호칭

남의 가족을 말할 때	자기 가족을 말할 때	의 미
おじいさん [오지-상]	祖父 (そふ)	할아버지
おばあさん [오바-상]	祖母 (そぼ)	할머니
おとうさん [오또-상]	父 (ちち)	아버지
おかあさん [오까-상]	母 (はは)	어머니
おにいさん [오니-상]	兄 (あに)	형님, 형
おねえさん [오네-상]	姉 (あね)	누님, 누나
おとうとさん [오또-상]	弟 (おとうと)	(남)동생
いもうとさん [이모우또상]	妹 (いもうと)	(여)동생
ごかぞく [카조꾸]	家族 (かぞく)	가족
ごりょうしん [고료-싱]	両親 (りょうしん)	부모님
ごしゅじん [고슈징]	主人 (しゅじん)	주인, 남편
おくさん [옥상]	家内 (かない)	부인, 아내
ごきょうだい [고쿄-다이]	兄弟 (きょうだい)	형제
おこさん [오꼬상]	子供 (こども)	아이
おじょうさん [오죠-상]	娘 (むすめ)	따님, 딸
むすこさん [무스꼬상]	息子 (むすこ)	아드님, 아들
おじさん [오지상]	おじ	아저씨
おばさん [오바상]	おば	아주머니

❖ 일본어에서는 자신의 가족을 상대에게 말할 때는 낮추어 말하고, 반대로 상대의 가족을 말할 때는 비록 어린애라도 높여서 말합니다. 또한 가족 간에 부를 때는 윗사람일 경우 높여 말합니다.

Part
09

진행 · 상태표현
익히기

일본어 동사의 て형에 보조동사 いる가 접속하면 진행과 상태를 나타내고, 타동사에 ある가 접속하면 상태를 나타냅니다. 또한 동사의 て형에 ください를 접속하면 의뢰나 요구를 나타냅니다. 완료를 나타낼 때는 조사 から를 접속하며, 미완료를 나타낼 때는 まだ로 표현합니다.

요시무라 산 또 하나시오 시 떼 이 마 스
吉村さんと 話を しています。
요시무라 씨와 　 이야기를 　 하고 있습니다.

🔊 동사의 て형에 존재를 나타내는 동사 いる가 접속하면 동작의 진행을 나타냅니다.

● **~ている(진행)** ~하고 있다

같은 동작이 계속되는 것을 나타내는 동사 「歩(ある)く 걷다, 泣(な)く 울다, 食(た)べる 먹다, 書(か)く 쓰다, 走(はし)る 달리다, 読(よ)む 읽다」 등의 て형, 즉 접속조사 て가 연결되는 꼴에 보조동사 いる(있다)가 이어지면 「~(하)고 있다」의 뜻으로 동작의 진행을 나타냅니다. 이 때 いる는 보조동사로 쓰였더라도 활용은 상1단동사와 동일합니다.

기본형	의 미	~ている	의 미
書(か)く	쓰다	書いている	쓰고 있다
会(あ)う	만나다	会っている	만나고 있다
読(よ)む	읽다	読んでいる	읽고 있다
寝(ね)る	자다	寝ている	자고 있다
来(く)る	오다	来(き)ている	오고 있다

キム はん た
金さんは ご飯を 食べています。
김상와 고항오 다베떼 이마스
김씨는 밥을 먹고 있습니다.

な こども し
あそこで 泣いている 子供を 知っていますか。
아소꼬데 나이떼 이루 고도모오 싯떼 이마스까
저기서 울고 있는 아이를 알고 있습니까?

よしむら いま ほん よ
吉村さんは 今 本を 読んでいます。
요시무라상와 이마 홍오 욘데 이마스
요시무라 씨는 지금 책을 읽고 있습니다.

Word ....

ご飯(はん) 밥　 泣(な)く 울다　 子供(こども) 어린이　 知(し)る 알다

A 吉村さんと 話を している 人は だれですか。
요시무라산또 하나시오 시떼 이루 히또와 다레데스까

B そうですね。だれだか 知りません。
소-데스네   다레다까 시리마셍

A もしかして、中村さんじゃないですか。
모시까시떼   나까무라산쟈 나이데스까

B あ、やっぱり 二人 付き合っているね。
아   얍빠리 후따리 쓰끼앗떼 이루네

A 요시무라 씨와 이야기를 하고 있는 사람은 누구예요?
B 글쎄요. 누구인지 모르겠는데요.
A 혹시, 나카무라 씨 아니에요?
B 아, 역시 둘이 사귀고 있구나.

話(はなし)
이야기

だれだか
누구인지

もしかして
혹시, 어쩌면

やっぱり
역시

二人(ふたり)
두 사람

付き合う
(つきあう)
사귀다, 교제하다

Pattern Drill

★ 보기처럼 주어진 말을 우리말 뜻에 맞게 문장을 바꿔보세요.

보기

赤ちゃんが 泣く   아기가 울다
→ 赤ちゃんが 泣いています。 아기가 울고 있습니다.

① 大人が海で泳ぐ   → _____。
어른이 바다에서 헤엄치고 있습니다.

② 外で友達が呼ぶ   → _____。
밖에서 친구가 부르고 있습니다.

③ 兄は本を読む   → _____。
형은 책을 읽고 있습니다.

메 가 네 오 가 께 떼 이 루 카 따 데 스
メガネを かけ**ている** 方です。
안경을　　　　쓴　　　　분입니다.

◀ 동작의 결과가 새로운 상태로 바뀌는 동사나 상태만을 나타내는 동사에 ている가 접속하면 상태를 나타냅니다.

● ~ている(상태) ~어 있다

동작의 결과가 새로운 상태로 바뀌는 동사 「立(た)つ 서다, 座(すわ)る 앉다, 並(なら)ぶ 늘어서다, 死(し)ぬ 죽다」 등의 て형에 보조동사 いる가 접속하면 「~(상태로) 있다」의 뜻으로 동작의 결과로 생기는 상태를 나타냅니다.

床に かびんが 割れ**ている**。
유까니 카빙가 와레떼 이루
바닥에 꽃병이 깨져 있다.

先生は きょう 赤い ネクタイを しめ**ています**。
센세-와 쿄- 아까이 네쿠타이오 시메떼 이마스
선생님은 오늘 빨간 넥타이를 매고 있습니다.

● 상태만을 나타내는 동사

동작의 결과로 생기는 상태 이외에 단순히 상태만을 나타내는 동사는 「似(に)る(닮다), そびえる(솟다), すぐれる(뛰어나다) 등」이 있습니다. 이들 동사는 기본형 상태로 쓰이는 일은 없으며 반드시 ~ている의 형태로만 쓰입니다.

あの 人の 感覚は 優れ**ている**。
아노 히또노 캉까꾸와 스구레떼 이루
저 사람의 감각은 뛰어나다.

この 子は 父に よく 似**ています**。
고노 꼬와 치찌니 요꾸 니떼 이마스
이 아이는 아버지를 많이 닮았습니다.

Word ··

床(ゆか) 바닥　花瓶(かびん) 꽃병　割(わ)れる 깨지다　赤(あか)い 빨갛다　ネクタイ 넥타이
しめる 매다　感覚(かんかく) 감각　優(すぐ)れる 뛰어나다　父(ちち) 아버지　似(に)る 닮다

A 吉村さんは どの 方ですか。
요시무라상와 도노 카따데스까

B 白い シャツを 着て メガネを かけている 方です。
시로이 샤쯔오 기떼 메가네오 가께떼 이루 카따데스

A あの 赤い シャツの 方は どなたですか。
아노 아까이 샤쯔노 카따와 도나따데스까

B あの 方は 木村さんです。
아노 카따와 기무라산데스

A 요시무라 씨는 어느 분입니까?
B 흰 셔츠를 입고 안경 쓴 분이에요.
A 저기 빨간 셔츠를 입은 분은 누구세요?
B 저분은 기무라 씨입니다.

白(しろ)い
하얗다

シャツ
셔츠

着(き)る
입다

眼鏡(めがね)
안경

かける
걸치다, 걸다

どなた
누구, 어느 분

Pattern Drill

★ 보기처럼 주어진 말을 우리말 뜻에 맞게 문장을 바꿔보세요.

보기

花瓶が割る　　　　꽃병이 깨지다
→ 花瓶が割れています。　꽃병이 깨져 있습니다.

① 時計が止まる　　　→ _____ 。
시계가 멈춰 있습니다.

② 弟は 父に 似る　　→ _____ 。
동생은 아버지를 닮았습니다.

③ 道ばたに 犬が 死ぬ　→ _____ 。
길가에 개가 죽어 있습니다.

137

03 타동사의 상태

나니 가 가 이 떼 아 리 마 스 까
何が 書いてありますか。

무엇이 　　　　　 쓰여 있습니까?

📢 의지를 나타내는 타동사의 て형에 존재를 나타내는 ある가 접속하면 상태를 나타냅니다.

● **~てある(상태) ~어져 있다**

일본어 동사 중에 의지를 나타내는 타동사의 て형에 보조동사 ある가 접속하면 「~어져 있다」의 뜻으로 누군가에 의한 의도된 행동이 남아 있는 상태를 나타냅니다. 이 때 보조동사 ある(있다)도 본동사와 동일하게 활용을 합니다.

> きっぷ　　　　　 か
> **切符は もう 買ってあります。**
> 깁 뿌와 모- 갓떼 아리마스
> 표는 이미 사 두었습니다.

> こくばん　　 おお　　 じ　　 か
> **黒板に 大きな 字が 書いてあります。**
> 고꾸반니 오-끼나 지가 가이떼 아리마스
> 칠판에 커다란 글씨가 쓰여 있습니다.

● **동사의 진행과 상태**

자동사에 ~ている가 접속하면 「진행과 상태」를 나타내고, 타동사에 ~ている가 접속하면 「진행」을 나타내고, ~てある가 접속하면 「상태」를 나타냅니다.

> まど　 あ
> ① **窓が 開いている** 창문이 열려 있다 　　　(상태)
> まど　 あ
> ② **窓が 開けてある** 창문이 열려져 있다 　　(상태)

위의 예문 모두 상태를 나타내고 있지만 ①의 경우는 자동사로써 저절로 열려 있는 상태를 말하고 ②의 경우는 타동사로 누군가에 의해서 열려져 있는 상태를 나타냅니다.

Word ･･･

切符(きっぷ) 표 　**買(か)う** 사다 　**黒板(こくばん)** 칠판 　**字(じ)** 글자 　**窓(まど)** 창(문)

138

A 掲示板には 何が 書いてありますか。
게-지반니와 나니가 가이떼 아리마스까

B 三浦先生の 宿題の 内容 などが 書いてあります。
미우라 센세-노 슈꾸다이노 나이요- 나도가 가이떼 아리마스

A この 落書きは だれが 書きましたか。
고노 라꾸가끼와 다레가 가끼마시다까

B 知りません。ずっと 前から 書いてありました。
시리마셍   즛또 마에까라 가이떼 아리마시다

A 게시판에는 뭐가 쓰여 있습니까?

B 미우라 선생님의 숙제 내용 등이 쓰여 있습니다.

A 여기 낙서는 누가 했습니까?

B 모릅니다. 훨씬 이전부터 쓰여 있었습니다.

掲示板
(けいじばん)
게시판

宿題
(しゅくだい)
숙제

内容
(ないよう)
내용

~など
~등, 따위

ずっと
쭉, 줄곧

Pattern Drill

★ 보기처럼 주어진 말을 우리말 뜻에 맞게 문장을 바꿔보세요.

보기

黒板に字を書く   칠판에 글씨를 적다
→ 黒板に字が書いてあります。   칠판에 글씨가 적혀 있습니다.

① テーブルの上に花を生ける   → _____。
　　　　　　　　　　　　　　　　　테이블 위에 꽃이 꽂혀 있습니다.

② 火を全部消す   → _____。
　　　　　　　　　　　　　　　　　불이 전부 꺼져 있습니다.

③ そのことはもう言う   → _____。
　　　　　　　　　　　　　　　　　그 일은 벌써 말해 놓았습니다.

육 꾸리 세쯔메-시떼 구다사이
ゆっくり 説明してください。

천천히　　　　　　설명해 주세요.

📢 동사의 て형에 요구를 나타내는 ください가 접속하면 「~해 주세요」의 뜻이 됩니다.

● **~てください** ~해 주세요

ください는 앞서 배웠듯이 くださる(주시다)의 명령형으로 무언가를 요구·부탁·명령을 할 때 쓰이는 표현으로 「주세요, 주십시오」의 뜻입니다. 따라서 동사의 て형에 ください를 접속하면 「~ 해 주세요/주십시오」의 뜻으로 동작의 명령·요구의 표현이 됩니다. 참고로 ~てください는 직접적인 명령의 느낌을 주므로 정중하게 부탁할 때는 약간 거북한 느낌이 있습니다.

기본형	의 미	~てください	의 미
書(か)く	쓰다	書いてください	써 주세요
読(よ)む	읽다	読んでください	읽어 주세요
来(く)る	오다	来(き)てください	와 주세요

いち　　　　　さん　　　　　よ
一ページから 三ページまで 読んでください。
이찌 페-지까라 삼 페-지마데 욘데 구다사이
1쪽부터 3쪽까지 읽으세요.

はな
もっと ゆっくり 話してください。
못또 육꾸리 하나시떼 구다사이
더 천천히 이야기해 주세요.

かみ　　じゅうしょ　　なまえ　　か
この 紙に 住所と 名前を 書いてください。
고노 카미니 쥬-쇼또 나마에오 가이떼 구다사이
이 종이에 주소와 이름을 써 주세요.

Word ∙∙

ページ 페이지, 쪽　もっと 더욱　ゆっくり 천천히　紙(かみ) 종이　住所(じゅうしょ) 주소　名前(なまえ) 이름

A 　この 内容(ないよう)が よく わかりませんか。
　　고노 나이요-가 요꾸 와까리마셍까

B 　はい、もう 一度(いちど)ゆっくり 説明(せつめい)してください。
　　하이　　　모- 이찌도 육꾸리 세쯔메-시떼 구다사이

A 　じゃ、この 絵(え)を ちゃんと 見(み)てください。
　　쟈　　　고노 에오 챤또 미떼 구다사이

B 　テキストの 何(なん) ページですか。
　　테끼스토노 남 페-지데스까

A 　이 내용을 잘 모르겠습니까?

B 　네, 다시 한 번 천천히 설명해 주세요.

A 　그럼, 이 그림을 잘 보세요.

B 　교과서 몇 쪽입니까?

| 内容(ないよう) 내용 |
| 分(わ)かる 알다, 알 수 있다 |
| 説明(せつめい)する 설명하다 |
| 絵(え) 그림 |
| ちゃんと 확실히, 똑똑히 |
| テキスト 텍스트, 교과서 |

Pattern Drill

✦ 보기처럼 주어진 말을 우리말 뜻에 맞게 문장을 바꿔보세요.

보기

　　ここにお名前(なまえ)を書(か)く　　　　여기에 이름을 쓰다
→ 　ここにお名前(なまえ)を書(か)いてください。 여기에 이름을 쓰세요.

① もっとゆっくり話(はな)す　　→ ＿＿＿＿＿＿＿＿＿＿＿＿＿＿＿＿＿。
　　　　　　　　　　　　　　　더 천천히 말하세요.

② もう一度(いちど)説明(せつめい)する　→ ＿＿＿＿＿＿＿＿＿＿＿＿＿＿＿＿＿。
　　　　　　　　　　　　　　　다시 한 번 설명해 주세요.

③ ここで降(お)りる　　　→ ＿＿＿＿＿＿＿＿＿＿＿＿＿＿＿＿＿。
　　　　　　　　　　　　　　　여기서 내리세요.

오 챠 데 모   논   데 까 라   가에리마 셍   까
お茶でも 飲んでから 帰りませんか。

차라도   마시고   가지 않을래요?

🔊 동사의 て형에 접속조사 から가 이어지면 앞의 동작이 끝나고 다른 동작으로 이어짐을 나타냅니다.

● **~てから** ~하고 나서

~てから는 앞의 동작이 일어난 후에 다른 동작이 행해지는 것을 말할 때 쓰는 표현으로 우리말의 「~하고 나서」에 해당합니다. 단순히 앞뒤의 두 개의 동작을 이어줄 때는 て를 쓰지만, 앞의 동작이 완전히 끝난 후에 다른 동작으로 옮길 때는 ~てから를 씁니다.

기본형	의 미	~てから	의 미
書(か)く	쓰다	書いてから	쓰고 나서
読(よ)む	읽다	読んでから	읽고 나서
来(く)る	오다	来(き)てから	오고 나서

説明を よく 聞いてから 質問して ください。
세쯔메-오 요꾸 기이떼까라 시쯔몬시떼 구다사이
설명을 잘 듣고 나서 질문해 주세요.

朝は 新聞を 読んでから 出かけます。
아사와 심붕오 욘데 까라 데카께마스
아침에는 신문을 읽고 나서 외출합니다.

少し 休んでから 仕事を 始めました。
스꼬시 야슨데까라 시고또오 하지메마시다
조금 쉬고 나서 일을 시작했습니다.

Word

質問(しつもん)する 질문하다 **朝(あさ)** 아침 **新聞(しんぶん)** 신문 **出(で)かける** 외출하다
休(やす)む 쉬다   **少(すこ)し** 조금   **仕事(しごと)** 일   **始(はじ)める** 시작하다

생생토크

A 夏田さん、帰る ときに お茶でも 飲んでから
　나쯔다상　　가에루 도끼니 오쨔데모 논데까라

　帰りませんか。
　가에리마셍까

B それは いい 考えですね。
　소레와 이- 강가에데스네

A ご飯を 食べてから お茶を 飲むのは どうですか。
　고항오 다베떼까라 오쨔오 노무노와 도-데스까

B はい、いいですね。
　하이　　이-데스네

> お茶(ちゃ)
> 차
>
> 考(かんが)え
> る
> 생각하다
>
> どう
> 어떻게

A 나츠다 씨, 돌아갈 때 차라도 마시고 가지 않을래요?
B 그거 좋은 생각이군요.
A 밥을 먹고 나서 차를 마시는 건 어때요?
B 네, 좋아요.

Pattern Drill

★ 보기처럼 주어진 말을 우리말 뜻에 맞게 문장을 바꿔보세요.

> 보기
>
> 話を聞く / 答える　　　이야기를 듣다 / 대답하다
>
> → 話を聞いてから答えてください。　이야기를 듣고 나서 대답하세요.

① 本を読む / 質問する　　→ _____ 。
　　　　　　　　　　　　　　책을 읽고 나서 질문하세요.

② よく考える / 決定する　→ _____ 。
　　　　　　　　　　　　　　잘 생각하고 나서 결정하세요.

③ 薬を飲む / ぐっすり休む　→ _____ 。
　　　　　　　　　　　　　　약을 먹고 나서 푹 쉬세요.

06 동작의 미완료 표현

마 다 기 떼 이 마 셍
まだ 来ていません。

아직   안 왔습니다.

🔊 아직 동작이 끝나지 않았음을 나타낼 때는 ~ていません으로 표현합니다.

● **まだ ~ていません**   아직 ~하지 않았습니다

まだ는 「아직, 아직도」의 뜻을 가진 부사어로 뒤에 「~ていません」의 형태로 쓰이면 「아직 ~지 않았습니다」의 뜻으로 동작의 미완료(未完了)를 나타냅니다. 우리말로는 직역하여 과거부정 「まだ ~ませんでした」라고 하지 않도록 주의합시다.

その 映画は まだ 見ていません。
소노 에ー가와 마다 미떼 이마셍
그 영화는 아직 보지 않았습니다.

木村さんは まだ 結婚していません。
기무라상와 마다 겍꼰시떼 이마셍
기무라 씨는 아직 결혼하지 않았습니다.

● **もう**   벌써, 이미

もう는 「벌써, 이미/곧, 머지않아」의 뜻을 가진 부사어로 もう 少し의 형태로 쓰이면 「좀 더」의 뜻으로 「더, 더 이상」을 나타냅니다.

もう 起きる 時間ですね。
모ー 오끼루 지깐데스네
벌써 일어날 시간이군요.

すみませんが、もう 少し 待ってください。
스미마셍가   모ー 스꼬시 맛떼 구다사이
미안하지만, 좀 더 기다려 주세요.

Word ....

結婚(けっこん) 결혼   **起(お)きる** 일어나다   **時間(じかん)** 시간

A 遅れて すみません。西山さんは もう 来ていますか。

오꾸레떼 스미마셍　　　　　니시야마상와 모- 기떼 이마스까

B いいえ、まだ 来ていません。変ですね。

이-에　　　마다 기떼 이마셍　　　헨데스네

A もうすぐ 来るでしょう。

모- 스구 구루데쇼-

まだ 五分しか 過ぎていませんから。

마다 고훈시까 스기떼 이마셍까라

B でも、心配ですね。

데모　　　심빠이데스네

変(へん)だ	이상하다
すぐ	곧, 금방
~しか	~밖에
過(す)ぎる	지나다
心配(しんぱい)	걱정

A 늦어서 죄송합니다. 니시야마 씨는 벌써 오셨습니까?

B 아니오. 아직 안 왔습니다. 이상하네요.

A 곧 오겠죠.

　아직 5분밖에 안 지났으니까요.

B 그래도 걱정되네요.

Pattern Drill

★ 보기처럼 주어진 말을 우리말 뜻에 맞게 문장을 바꿔보세요.

보기

木村さんはまだ来ません　　　　기무라 씨는 아직 오지 않습니다

→ 木村さんはまだ来ていません。　기무라 씨는 아직 오지 않았습니다.

① あの映画はまだ見ません　　→ ＿＿＿＿＿＿＿＿＿＿＿＿ 。

그 영화는 아직 보지 않았습니다.

② 妹はまだ起きません　　　→ ＿＿＿＿＿＿＿＿＿＿＿＿ 。

여동생은 아직 일어나지 않았습니다.

③ 兄はまだ結婚しません　　→ ＿＿＿＿＿＿＿＿＿＿＿＿ 。

형은 아직 결혼하지 않았습니다.

의복과 장신구 (1)

くつ [구쯔] 구두

マフラー [마후라-] 머플러

てぶくろ_手袋 [데부꾸로] 장갑

ワイシャツ [와이샤츠]
와이셔츠

ネクタイ [네쿠타이] 넥타이

ボタン [보탕] 단추

ジャケット [쟈켓토] 쟈켓

ポケット [포켓토] 포켓

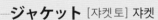

ズボン [즈봉] 바지

ハンカチ [항카치]
손수건

ベルト [베루토]
벨트

めがね_眼鏡 [메가네] 안경

うんどうぐつ_運動靴
[운도-구쯔] 운동화

Part
10

ます형에 이어지는
여러 패턴 익히기

여기서는 동사의 중지형, 즉, ます가 접속하는 형태에
접속하여 쓰이는 여러 가지 표현을 익히게 됩니다. ~な
がら(~하면서), ~たい(~고 싶다), ~なさい(~하거라), ~
やすい(~기 쉽다), ~に行く(~하러 가다), ~すぎる(너무
~하다) 따위 표현을 중점적으로 배워 봅시다.

01 동시동작의 표현

> 도 라 마 오　미 나 가 라　고 항 오　다 베 마 시 다
> # ドラマを 見ながら ご飯を 食べました。
> 드라마를　　　　보면서　　　밥을　　　먹었습니다.
>
> 📢 두 동작을 하나로 이어줄 때는 동사의 ます형에 접속조사 ながら를 이어줍니다.

● ~ながら ~하면서

ながら는 동사의 중지형, 즉 ます가 이어지는 꼴에 접속하여 「~하면서」의 뜻으로 두 가지 이상의 동작이 동시에 일어남을 나타냅니다.

기본형	의 미	~ながら	의 미
書(か)く	쓰다	書きながら	쓰면서
読(よ)む	읽다	読みながら	읽으면서
来(く)る	오다	来(き)ながら	오면서

おんがく き べんきょう
音楽を 聞きます ＋ 勉強を します
옹가꾸오 기끼마스　　　벵꾜ー오 시마스
음악을 듣습니다 ＋ 공부를 합니다

おんがく き べんきょう
→ 音楽を 聞きながら 勉強を します。
옹가꾸오 기끼나가라 벵꾜ー오 시마스
음악을 들으면서 공부합니다.

み しょくじ
テレビを 見ます ＋ 食事を します
테레비오 미마스　　　쇼꾸지오 시마스
텔레비전을 봅니다 ＋ 식사를 합니다

み しょくじ
→ テレビを 見ながら 食事を します。
테레비오 미나가라 쇼꾸지오 시마스
텔레비전을 보면서 식사를 합니다.

Word ･･･

音楽(おんがく) 음악　　勉強(べんきょう) 공부　　見(み)る 보다　　食事(しょくじ) 식사

148

생생 토크

A 金さん、今何を していますか。
김상   이마 나니오 시떼 이마스까

B 音楽を 聞きながら、日本語の 勉強を しています。
옹가꾸오 기끼나가라   니홍고노 벵꾜-오 시떼 이마스

A 晩ご飯は まだですか。
방고항와 마다데스까

B いいえ、さっき ドラマを 見ながら 食べました。
이-에   삭끼 도라마오 미나가라 다베마시다

晩ご飯
(ばんごはん)
저녁밥

まだ
아직

さっき
아까

A 김씨, 지금 뭐 하세요?
B 음악을 들으면서 일본어 공부를 하고 있습니다.
A 저녁밥은 아직 안 먹었나요?
B 아니오. 아까 드라마를 보면서 먹었습니다.

Pattern Drill

✱ 보기처럼 주어진 말을 우리말 뜻에 맞게 문장을 완성해보세요.

보기

ビールを飲む / 話し合う   맥주를 마시다 / 서로 이야기하다
→ ビールを飲みながら話し合います。   맥주를 마시면서 서로 이야기합니다.

① パンを食べる / ニュースを聞く → _____ 。
빵을 먹으면서 뉴스를 듣습니다.

② テレビを見る / 電話を受ける → _____ 。
텔레비전을 보면서 전화를 받습니다.

③ 音楽を聞く / 勉強する → _____ 。
음악을 들으면서 공부합니다.

149

우 찌 데　육　꾸 리 시 따 이 데 스
うちで ゆっくり したいです。
집에서　　　쉬고　　　　　싶습니다.

📢 말하는 사람의 직접적인 희망을 나타낼 때는 동사의 ます형에 たい를 접속하여 표현합니다.

● **~たい** ~하고 싶다

たい는 동사의 중지형, 즉 ます가 접속되는 꼴에 연결되며 말하는 사람이나 상대방의 직접적인 희망을 나타내는 말로 우리말의 「~하고 싶다」에 해당합니다. 또 희망하는 대상물에는 조사 を보다 が를 쓰는 것이 일반적입니다.

기본형	의 미	~たい	의 미
書(か)く	쓰다	書きたい	쓰고 싶다
読(よ)む	읽다	読みたい	읽고 싶다
食(た)べる	먹다	食べたい	먹고 싶다

또한, ~たい의 활용은 어미의 형태가 い이므로 형용사와 동일하게 활용합니다.

たまには 一杯 飲みたい ときも あります。
다마니와 입빠이 노미따이 도끼모 아리마스
가끔은 한 잔 마시고 싶을 때도 있습니다.

今は 一杯も 飲みたく ありません。
이마와 입빠이모 노미따꾸 아리마셍
지금은 한 잔도 마시고 싶지 않습니다.

木村さんは 今 何が いちばん 食べたいですか。
기무라상와 이마 나니가 이찌반 다베따이데스까
기무라 씨는 지금 무엇을 가장 먹고 싶습니까?

Word ·

たまには 가끔은　一杯(いっぱい) 한 잔

A 岡本(おかもと)さんは 今度(こんど)の 夏休(なつやす)みに どこへ 行(い)きたいですか。

오까모또상와 곤도노 나쯔야스미니 도꼬에 이끼따이데스까

B わたしは どこへも 行(い)きたく ありません。

와따시와 도꼬에모 이끼따꾸 아리마셍

A どうしてですか。せっかくの 夏休(なつやす)みなのに。

도-시떼데스까   섹까꾸노 나쯔야스미나노니

B 最近(さいきん) 疲(つか)れましたので、

사이낀 쓰까레마시따노데

うちで ゆっくり したいです。

우찌데 육꾸리 시따이데스

A 오카모토 씨는 이번 여름휴가에 어디에 가고 싶으세요?

B 저는 아무 데도 가고 싶지 않습니다.

A 왜요? 모처럼 여름휴가인데.

B 요즘 피곤해서,

집에서 푹 쉬고 싶습니다.

단어	
夏休(なつやす)み	여름방학(휴가)
最近(さいきん)	최근, 요즘
疲(つか)れる	피곤하다, 지치다
ゆっくり	천천히
~のに	~하는데
~ので	~해서, ~하기 때문에

Pattern Drill

✱ 보기처럼 주어진 말을 우리말 뜻에 맞게 문장을 바꿔보세요.

보기

冷(つめ)たいジュースを飲(の)む   차가운 주스를 마시다

→ 冷(つめ)たいジュースが飲(の)みたいです。   차가운 주스를 마시고 싶습니다.

① おいしい料理(りょうり)を食(た)べる → ＿＿＿＿＿＿＿＿＿＿＿＿＿＿＿＿ 。

맛있는 요리를 먹고 싶습니다.

② 日本語(にほんご)を習(なら)う → ＿＿＿＿＿＿＿＿＿＿＿＿＿＿＿＿ 。

일본어를 배우고 싶습니다.

③ もっと安(やす)いものを買(か)う → ＿＿＿＿＿＿＿＿＿＿＿＿＿＿＿＿ 。

더 싼 것을 사고 싶습니다.

구쯔와 아 소 꼬 니 오 끼 나 사 이
靴は あそこに 置きなさい。

구두는 　　　 저기에 　　　　　 놓아요.

📢 가볍게 요구를 하거나 명령을 할 때는 동사의 ます형에 なさい를 접속하여 표현합니다.

~なさい ~하거라

なさい는 동사 なさる(하시다)의 명령형으로 なさい의 정중한 표현은 ください입니다. 따라서 なさい는 어린아이나 친한 손아랫사람에게 쓰입니다. 우리말의 「~하거라」에 해당하며, 앞에 존경의 접두어 お를 붙여 쓰기도 합니다. なさい의 접속은 동사에 ます가 접속할 때와 마찬가지입니다.

기본형	의 미	~なさい	의 미
書(か)く	쓰다	書きなさい	써라, 쓰시오
読(よ)む	읽다	読みなさい	읽어라, 읽으시오
食(た)べる	먹다	食べなさい	먹어라, 먹으시오

はな こ 　　　　　　　　　　　すわ
花子ちゃん、ここに (お)座りなさい。
하나꼬쨩 　　　　　 고꼬니 (오)스와리나사이

하나꼬야, 여기에 앉아라.

なに　　　　　　　　　　　　　　　ある
何を しているの。はやく 歩きなさい。
나니오 시떼 이루노 　　　 하야꾸 아루끼나사이

무얼 하고 있니? 빨리 걸어라.

いち　　　　　　　に　　　　　　　　よ
一ページから 二ページまで お読みなさい。
이찌 페-지까라 니 페-지마데 오요미나사이

1쪽부터 2쪽까지 읽으시오.

Word ·

~ちゃん 친밀감을 나타내는 호칭　**座(すわ)る** 앉다　**歩(ある)く** 걷다　**ページ** 페이지, 쪽
読(よ)む 읽다

생생 토크

A ごめんください。野口です。
고멩구다사이　　　　　노구찌데스

B はい、お入りなさい。ここに おかけなさい。
하이　　오하이리나사이　　　고꼬니 오카께나사이

A すみません。靴は どこに 置きますか。
스미마셍　　　　구쯔와 도꼬니 오끼마스까

B あそこに 置きなさい。
아소꼬니 오끼나사이

A 실례합니다. 노구치입니다.
B 네. 들어와요. 여기 앉아요.
A 감사합니다. 신발은 어디에 놓습니까?
B 저기에 놓아요.

入(はい)る 들어가다, 들어오다
かける 걸터앉다
靴(くつ) 구두, 신발
置(お)く 놓다, 두다

Pattern Drill

✱ 보기처럼 주어진 말을 우리말 뜻에 맞게 문장을 바꿔보세요.

> 보기
> 中に入る　　　안으로 들어가다
> → 中に入りなさい。　안으로 들어가거라.

① 今晩は早く寝る → ＿＿＿＿＿＿＿＿＿。
오늘밤은 일찍 자거라.

② もっと詳しく話す → ＿＿＿＿＿＿＿＿＿。
더 자세히 이야기하거라.

③ ドアを閉める → ＿＿＿＿＿＿＿＿＿。
문을 닫거라.

153

히또 모　신 세쯔데　스 미 야 스 이 데 스
人も 親切で 住みやすいです。
사람들도　　친절해서　　　살기 좋습니다.

📢 동사에 にくい와 やすい가 접속하면 그 행위나 동작이 쉽거나 힘들다는 뜻을 나타냅니다.

~やすい / ~にくい   ~하기 쉽다 / ~하기 어렵다

やすい는 형용사형 접미어로 동사의 중지형, 즉 ます가 접속하는 형태에 접속하여 그러한 동작이나 작용이 「~하기 쉽다, ~하기 편하다」의 뜻을 나타내는 형용사를 만듭니다. 반대로 にくい도 やすい와 마찬가지로 동사의 중지형에 접속하여 「~하기 어렵다, ~하기 힘들다」의 뜻을 나타내는 형용사를 만듭니다.

기본형	~やすい	의 미	~にくい	의 미
書(か)く	書きやすい	쓰기 쉽다	書きにくい	쓰기 어렵다
読(よ)む	読みやすい	읽기 쉽다	読みにくい	읽기 어렵다
食(た)べる	食べやすい	먹기 편하다	食べにくい	먹기 힘들다

ひらがなは 読みやすくて 書きやすいです。
히라가나와 요미야스꾸떼 가끼야스이데스
히라가나는 읽기 쉽고 쓰기 쉽습니다.

この 肉は 柔らかくて 食べやすいです。
고노 니꾸와 야와라카꾸떼 다베야스이데스
이 고기는 부드러워서 먹기 편합니다.

この ウイスキーは 強くて 飲みにくいです。
고노 우이스키-와 쓰요꾸떼 노미니꾸이데스
이 위스키는 독해서 마시기 힘듭니다.

Word ....

肉(にく) 고기　　**柔(やわ)らかい** 부드럽다　　**ウイスキー** 위스키　　**強(つよ)い** 강하다, 세다

A 木村さん、ソウルの 生活は いかがですか。
기무라상 소우루노 세-까쯔와 이까가데스까

B 物価も 東京より 安く、
북까모 도-꾜-요리 야스꾸

人も 親切で 住みやすい ところです。
히또모 신세쯔데 스미야스이 도꼬로데스

A 韓国語は もう 大丈夫ですか。
캉꼬꾸고와 모- 다이죠-부데스까

B 韓国語は まだ わかりにくいですが、頑張ります。
캉꼬꾸고와 마다 와까리니꾸이데스가   감바리마스

A 기무라 씨, 서울 생활은 어떠십니까?
B 물가도 도쿄보다 싸고,
  사람들도 친절해서 살기 좋은 곳입니다.
A 한국어는 이제 괜찮습니까?
B 한국어는 아직 이해하기 힘듭니다만, 열심히 하겠습니다.

生活
(せいかつ)
생활

いかが
어떻게

物価(ぶっか)
물가

安(やす)い
(값이) 싸다

親切(しんせつ)
だ
친절하다

住(す)む
살다

頑張(がんば)
る
분발하다

Pattern Drill

★ 보기처럼 주어진 말을 우리말 뜻에 맞게 문장을 완성해보세요.

보기

この肉は柔らかい / 食べる(やすい)   이 고기는 부드럽다 / 먹다(편하다)
→ この肉は柔らかくて食べやすいです。   이 고기는 부드러워서 먹기 편합니다.

① 秋は涼しい / 過ごす(やすい)   → _____ 。
가을은 시원해서 지내기 편합니다.

② この薬は甘い / 飲む(やすい)   → _____ 。
이 약은 달아서 먹기 쉽습니다.

③ あの人は忙しい / 会う(にくい)   → _____ 。
그 사람은 바빠서 만나기 힘듭니다.

데 파 ー 토 에　요ー후꾸 오　가 이 니　이 끼 마 시 다
デパートへ 洋服を 買いに 行きました。

백화점에　　　　옷을　　　사러　　　　갔습니다.

📢 동사의 중지형에 に를 접속하고 이동을 나타내는 동사를 이어주면 동작의 목적을 나타냅니다.

● **동사 ~に 行く** ~하러 가다

동사의 중지형, 즉 ます가 접속되는 형태에 조사 に가 접속하면 「~하러」의 뜻으로 동작의 목적을 나타냅니다. 술어동사에는 「行く(가다), 来る(오다), 帰る(돌아오다), 出かける(나가다), 戻る(되돌아오다)」처럼 이동을 나타내는 동사가 옵니다.

金さんは 映画を 見に 行きました。
김상와 에ー가오 미니 이끼마시다
김씨는 영화를 보러 갔습니다.

たまには うちへも 遊びに 来てください。
다마니와 우찌에모 아소비니 기떼 구다사이
가끔은 우리 집에도 놀러 오세요.

● **동작성 명사 ~に 行く** ~하러 가다

일반적으로 「見学(견학), ドライブ(드라이브), 相談(상담), 散歩(산책), 食事(식사)」처럼 동작성 명사 뒤에 に가 이어지면 「~하러」의 뜻으로 동작의 목적을 나타냅니다.

李さんは 食事に 行きました。
이상와 쇼꾸지니 이끼마시다
이씨는 식사하러 갔습니다.

木村さんは 公園へ 散歩に 行きました。
기무라상와 코ー엥에 삼뽀니 이끼마시다
기무라 씨는 공원에 산책을 갔습니다.

Word ●●●

遊(あそ)ぶ 놀다　　**たまに** 가끔　　**散歩(さんぽ)** 산책

A 妹さんは どこかへ 行きましたか。
이모-또상와 도꼬까에 이끼마시다까

B はい、母と デパートへ 洋服を 買いに 行きました。
하이　　　하하또 데파-토에 요-후꾸오 가이니 이끼마시다

A 弟さんも どこかへ 行きましたか。
오또-또삼모 도꼬까에 이끼마시다까

B はい、弟は 父と 運動に 行きました。
하이　　　오또-또와 치찌또 운도-니 이끼마시다

A 여동생은 어딘가 갔습니까?

B 네, 어머니랑 백화점에 옷을 사러 갔습니다.

A 남동생도 어딘가 갔습니까?

B 네. 남동생은 아버지와 운동하러 갔습니다.

妹(いもうと)さん	여동생
母(はは)	어머니
洋服(ようふく)	양복(서양옷)
弟(おとうと)さん	남동생
父(ちち)	아버지
運動(うんどう)	운동

Pattern Drill

✱ 보기처럼 주어진 말을 우리말 뜻에 맞게 문장을 완성해보세요.

보기

札幌へ行く / 雪祭りを見る　　　삿포로에 가다 / 눈축제를 보다
→ 札幌へ雪祭りを見に行きました。　삿포로에 눈축제를 보러 갔습니다.

① 図書館へ行く / 資料を集める　→ ＿＿＿＿＿＿＿＿＿＿＿＿＿＿＿。
도서관에 자료를 모으러 갔습니다.

② 病院へ行く / 血圧を計る　→ ＿＿＿＿＿＿＿＿＿＿＿＿＿＿＿。
병원에 혈압을 재러 갔습니다.

③ 映画館へ行く / 映画を見る　→ ＿＿＿＿＿＿＿＿＿＿＿＿＿＿＿。
영화관에 영화를 보러 갔습니다.

157

촛 또 옹 가꾸 가 오ー끼 스 기 마 스
ちょっと 音楽が 大きすぎます。
좀   음악이   너무 큽니다.

📢 동사의 ます형에 すぎる가 접속하면 동작이나 행위, 상태가 정도에 지나침을 나타냅니다.

● **~すぎる** 너무 ~하다

동사의 ます가 접속되는 형태나 형용사와 형용동사는 어간에 すぎる가 접속되면 「너무(지나치게) ~하다」의 뜻으로 어떤 동작이나 상태가 도에 지나친 것을 나타냅니다. 활용은 동사와 동일합니다.

기본형	의 미	~すぎる	의 미
食(た)べる	먹다	食べすぎる	너무 먹다, 과식하다
大(おお)きい	크다	大きすぎる	너무 크다
静(しず)かだ	조용하다	静かすぎる	너무 조용하다

この カメラは 高すぎますね。
고노 카메라와 다까스기마스네
이 카메라는 너무 비싸군요.

ゆうべ 飲みすぎて 朝寝坊を しました。
유ー베 노미스기떼 아사네보ー오 시마시다
어젯밤 과음을 해서 늦잠을 잤습니다.

● **~にする** ~으로 하다

동사 する는 어떤 동작을 「하다」라는 뜻인데, 어떤 일(것)을 선택할 때도 쓰입니다. 이때는 선택의 대상이 되는 명사 뒤에는 조사 に가 와야 합니다.

わたしは 冷たい コーヒーに します。
와따시와 쓰메따이 코ー히ー니 시마스
나는 차가운 커피로 하겠습니다.

Word ....

カメラ 카메라   高(たか)い (값이) 비싸다   ゆうべ 어젯밤   朝寝坊(あさねぼう) 늦잠(꾸러기)

생생 토크

A 私は紅茶に しますが、鈴木さんは 何に なさいますか。
와따시와 코-챠니 시마스가   스즈끼상와 나니니 나사이마스까

B ジュースに します。
쥬-스니 시마스

　　この 喫茶店は 静かで 雰囲気も いいですね。
고노 깃사뗑와 시즈까데 훙이끼모 이-데스네

A はい、そうですね。でも、ちょっと 音楽が 大きすぎます。
하이　　소-데스네　　　데모　　촛또 옹가꾸가 오-끼스기마스

B そうですか。私には ちょうど いいですが。
소-데스까　　　　와따시니니 쵸-도 이-데스가

紅茶 (こうちゃ)	홍차
なさる	하시다
ジュース	주스
喫茶店 (きっさてん)	다방
雰囲気 (ふんいき)	분위기
音楽(おんがく)	음악
大(おお)きい	크다
ちょうど	마침, 적당히

A　저는 홍차로 하겠습니다만, 스즈키 씨는 뭘로 하시겠습니까?

B　주스로 하겠습니다.
　　여기 다방은 조용하고 분위기도 좋네요.

A　네, 그러네요. 그런데, 조금 음악이 너무 크네요.

B　그래요? 저는 딱 좋은데요.

✎ Pattern Drill

★ 보기처럼 주어진 말을 우리말 뜻에 맞게 문장을 바꿔보세요.

	보기
ご飯を食べる	밥을 먹다
→ ご飯を食べすぎました。	밥을 너무 많이 먹었습니다.

① 彼はタバコを吸う　　　→　_____。
　　　　　　　　　　　　　　그는 담배를 너무 많이 피웁니다.

② このあたりは静かだ　　→　_____。
　　　　　　　　　　　　　　이 주위는 너무 조용합니다.

③ このもちは甘い　　　　→　_____。
　　　　　　　　　　　　　　이 떡은 너무 답니다.

159

会話ノート

의복과 장신구 (2)

さいふ_財布
[사이후] 지갑

ハンドバッグ [한도박구] 핸드백

ハイヒール
[하이히-루] 하이힐

コート [코-토] 코트

ブラウス [부라우스] 블라우스

セーター
[세-타-] 스웨터

ドレス
[도레스] 드레스

スカート [스카-토] 스커트

ゆびわ_指輪
[유비와] 반지

とけい_時計
[도께-] 시계

うでわ_腕輪
[우데와] 팔찌

イヤリング
[이야링구] 귀걸이

ネックレス [넥쿠레스] 목걸이

ジーンズ
[지-ㄴ즈] 청바지

ブーツ [부-츠] 부츠

センター・クリース
[센타- 쿠리-스] 중절모

くつした_靴下 [구쯔시따] 양말

かさ_傘 [카사] 우산

ぼうし_帽子 [보-시] 모자

Part
11

예정 · 완료표현
익히기

여기서는 동사의 기본형에 접속하여 쓰이는 つもり
だ와, て형에 접속하여 쓰이는 おく(두다), みる(보다),
しまう(마치다)의 용법과, 동사에 접속하여 정중한 뜻을
나타내는 ます의 권유·의지형과 정중한 단정을 나타내
는 です의 추측형을 익히게 됩니다.

01 동작의 예정 표현

ニ　サン　ニッ　デ　モ　도　루　쓰　모　리　데　스
二、三日で 戻る つもりです。

2, 3일이면　　　　돌아갈　　　　생각입니다.

📢 미확정된 예정을 나타낼 때는 つもり, 확정된 예정을 나타낼 때는 予定(よてい)를 사용합니다.

● **동사 ~つもりだ** ~할 생각이다

つもり는 우리말의 「생각, 의도, 작정」을 뜻하는 말로 つもりだ(です)의 형태로 동사의 기본형 다음에 오면 앞으로의 일에 대해서 확정된 것은 아니지만 어떻게 하겠다고 작정·예정할 때 사용합니다.

いったい どう 言う つもりですか。
잇따이 도ー 이우 쓰모리데스까
도대체 어떻게 말할 작정입니까?

あした 病院に 行く つもりです。
아시따 뵤ー인니 이꾸 쓰모리데스
내일 병원에 갈 생각입니다.

● **동사 ~予定だ** ~할 예정이다

つもりだ(です)는 확정되지 않은 예정을 나타내지만, 동사의 기본형에 予定だ(です)를 접속되면 이미 확정된 예정을 말한다.

夏休みに 海外旅行に 行く 予定です。
나쯔야스미니 카이가이료꼬ー니 이꾸 요떼ー데스
여름휴가 때 해외여행을 갈 예정입니다.

留学が 終わって、来年 帰国する 予定です。
류ー가꾸가 오왓떼　　　라이넹 기꼬꾸스루 요떼ー데스
유학이 끝나서 내년에 귀국할 예정입니다.

Word ∙∙∙

どう 어떻게　言(い)う 말하다　病院(びょういん) 병원　海外旅行(かいがいりょこう) 해외여행
予定(よてい) 예정　留学(りゅうがく) 유학　終(お)わる 끝나다　帰国(きこく)する 귀국하다

A 吉村さん、いつ 韓国に 帰る 予定ですか。
　요시무라상　　　　이쯔 캉꼬꾸니 가에루 요떼-데스까

B そうですね。二、三日で 戻る つもりです。
　소-데스네　　　　니　산니찌데 모도루 쓰모리데스

A 日本に 行って 家族にも 会う 予定ですか。
　니혼니 잇떼 가조꾸니모 아우 요떼-데스까

B その つもりですが、まだ わかりません。
　소노 쓰모리데스가　　　　마다 와까리마셍

A 요시무라 씨, 언제 한국으로 돌아오실 예정입니까?

B 글쎄요, 2, 3일 정도 후에 돌아가려고요.

A 일본에 가서 가족들도 만나실 예정입니까?

B 그럴 생각인데, 아직 모르겠어요.

戻(もど)る
돌아오다

家族(かぞく)
가족

会(あ)う
만나다

Pattern Drill

✱ 보기처럼 주어진 말을 우리말 뜻에 맞게 문장을 바꿔보세요.

보기

明日ソウルへ 行きます。　　　　내일 서울에 갑니다.

→ 明日ソウルへ 行くつもりです。　내일 서울에 갈 생각입니다.

① 彼女と映画を見ます。　　→ ＿＿＿＿＿＿＿＿＿＿＿＿＿＿＿。
　　　　　　　　　　　　　　　그녀와 영화를 볼 생각입니다.

② 土曜日に木村さんに会います。　→ ＿＿＿＿＿＿＿＿＿＿＿＿＿＿。
　　　　　　　　　　　　　　　토요일에 기무라 씨를 만날 예정입니다.

③ デパートで背広を買います。　→ ＿＿＿＿＿＿＿＿＿＿＿＿＿＿。
　　　　　　　　　　　　　　　백화점에서 양복을 살 생각입니다.

02 동작의 준비 · 유지 표현

> 호 테 루 노　요 야꾸 모　시 떼 오 끼 마 시 다
> # ホテルの 予約も しておきました。
> 호텔　　　　예약도　　　　해 두었습니다.

📢 동작의 준비나 유지를 나타낼 때는 동사의 て형에 보조동사 おく를 접속하여 표현합니다.

● **~ておく** ~해 두다

~ておく의 おく가 단독으로 쓰일 경우에는 「두다, 놓다」의 뜻을 나타내지만, ~ておく와 같이 보조동사로서 다른 동사의 て형에 연결되면 우리말의 「~해 두다, ~해 놓다」의 뜻으로 동작의 준비나 유지를 나타냅니다. 또한, ~ておく는 앞서 배운 ~てある와 의미상으로 비슷하지만, ~てある가 행위의 결과가 이미 존재하고 있음을 나타내고, ~ておく는 미래에 대한 동작 주체의 의지적 행위임을 나타낸다는 점이 다릅니다.

朝まで 電灯を つけておきました。
아사마데 덴또−오 쓰께떼 오끼마시다
아침까지 전등을 켜 두었습니다.

彼が 帰ってくるまで ドアを 開けておきました。
카레가 가엣떼 구루마데 도아오 아께떼 오끼마시다
그가 돌아올 때까지 문을 열어 두었습니다.

前売券を 買っておきました。
마에우리껭오 갓떼 오끼마시다
예매권은 사 두었습니다.

切符は もう 買ってありました。
깁뿌와 모− 갓떼 아리마시다
표는 이미 사 두었습니다.

Word ··

電灯(でんとう) 전등　　ドア 도어, 문　　前売券(まえうりけん) 예매권　　買(か)う 사다
切符(きっぷ) 표

A 列車の 切符は もう 買っておきましたか。
렛샤노 깁뿌와 모- 갓떼 오끼마시다까

B ええ、きのう 前売券を 買っておきました。
에- 기노- 마에우리껜오 갓떼 오끼마시다

A プサンに 行って どこで 泊りますか。
부산니 잇떼 도꼬데 도마리마스까

B きのう ホテルの 予約も しておきました。
기노- 호테루노 요야꾸모 시떼 오끼마시다

> 列車
> (れっしゃ)
> 열차
>
> 泊(とま)る
> 머물다, 숙박하다
>
> ホテル
> 호텔
>
> 予約(よやく)
> する
> 예약하다

A 열차표는 미리 사 두었습니까?

B 네, 어제 예매권을 사 두었습니다.

A 부산에 가면, 어디서 묵습니까?

B 어제 호텔 예약도 해 두었습니다.

Pattern Drill

★ 보기처럼 주어진 말을 우리말 뜻에 맞게 문장을 바꿔보세요.

보기

切符はもう買いました。   표는 이미 샀습니다.

→ 切符はもう買っておきました。   표는 이미 사 두었습니다.

① 電灯はもう消しました。 → _____ 。
전등을 이미 꺼 두었습니다.

② 本は前もって読みました。 → _____ 。
책은 미리 읽어 두었습니다.

③ 問題はもう調べました。 → _____ 。
문제는 이미 조사해 두었습니다.

아 노 미세 데 기 이 떼 미 떼 구 다 사 이
あの 店で 聞いてみてください。
저   가게에서   물어 보세요.

📢 みる가 동사의 て형에 붙어 보조동사로 쓰일 때는 시도하다라는 뜻이 됩니다.

● **~てみる** ~해 보다

~てみる는 우리말의 「~해 보다」라는 뜻으로 동사의 て형에 보조동사 みる가 접속된 형태입니다. み
る가 본동사로 쓰일 때는 見る로 표기하지만, 이처럼 보조동사로 쓰일 때는 가나로 표기합니다. 또한
보조동사 みる는 본래의 「보다」라는 의미를 상실하여 「시도하다」라는 뜻을 나타냅니다.

いち ど   りょう り   た
一度 その めずらしい 料理を 食べてみたい。
이찌도 소노 메즈라시－ 료－리오 다베떼 미따이
한번 그 진귀한 요리를 먹어 보고 싶다.

ようふく き
ちょっと この 洋服を 着てみてください。
촛또 고노 요－후꾸오 기떼 미떼 구다사이
잠깐 이 옷을 입어 보세요.

とうきょう   いち ど い
わたしも 東京へ 一度 行ってみたいですね。
와따시모 도－꾜－에 이찌도 잇떼 미따이데스네
나도 도쿄에 한번 가 보고 싶군요.

● **近く** 근처

近く는 형용사 近い(가깝다)에서 파생된 말로 부사적으로 쓰일 때는 「가까이, 가깝게」의 뜻이지만,
명사로 쓰일 때는 「근처, 근방」을 뜻합니다.

ちか   い   こめ   か
近くの スーパーへ 行って お米を 買いました。
치까꾸노 스－파－에 잇떼 오꼬메오 가이마시다
근처 슈퍼에 가서 쌀을 샀습니다.

Word ···

珍(めずら)しい 진귀하다, 드물다   料理(りょうり) 요리   背広(せびろ) (남성)양복
着(き)る 입다   近(ちか)く 근처   米(こめ) 쌀

A **この 近くに 宝くじを 売る 店が ありますか。**
고노 치까꾸니 다까라쿠지오 우루 미세가 아리마스까

B **宝くじですか。宝くじを 買う つもりですか。**
다까라쿠지데스까   다까라쿠지오 가우 쓰모리데스까

A **はい、買ってみたいです。**
하이   갓떼 미따이데스

B **そうですか、あの 店で 聞いてみてください。**
소-데스까   아노 미세데 기이떼 미떼 구다사이

宝(たから)く じ	복권
売(う)る	팔다
店(みせ)	가게
聞(き)く	묻다, 듣다

A 이 근처에 복권을 파는 가게가 있습니까?

B 복권이요? 복권을 살 생각이세요?

A 네, 사 보고 싶어요.

B 그래요? 저 가게에서 물어보세요.

Pattern Drill

✱ 보기처럼 주어진 말을 우리말 뜻에 맞게 문장을 바꿔보세요.

보기

　　もう一度考えます。　　　다시 한 번 생각하겠습니다.

→　**もう一度考えてみます。**　　다시 한 번 생각해 보겠습니다.

① **あした木村さんに会います。**　→　_____ 。
　　　　　　　　　　　　　　　　　　내일 기무라 씨를 만나 보겠습니다.

② **日本料理を食べたいです。**　→　_____ 。
　　　　　　　　　　　　　　　　　　일본요리를 먹어 보고 싶습니다.

③ **ソウルへ行きたいです。**　→　_____ 。
　　　　　　　　　　　　　　　　　서울에 가보고 싶습니다.

04 동작의 완료 표현

네 보– 시 떼　치 꼬꾸 시 떼 시 마 이 마 시 다
寝坊して 遅刻してしまいました。

늦잠을 자서　　　　　　　지각해버렸습니다.

📢 동작의 완료를 나타낼 때는 동사의 て형에 보조동사 しまう를 접속하여 표현합니다.

● **~てしまう** ~해 버리다

しまう는 동사의 て형에 보조동사로 쓰이면, 그 동작이 완전히 끝난 것을 나타냅니다. 또한 자기의 의지와는 관계없이 그렇게 되어서 유감인 것을 나타내기도 합니다. 따라서 ~てしまう는 우리말의 「~해 버리다, ~하고 말다」 등으로 해석하며 구어체에서는 줄여서 ~ちゃう로 말하기도 합니다.

기본형	의 미	~て しまう	의 미
行(い)く	가다	行ってしまう	가버리다
飲(の)む	마시다	飲んでしまう	마셔버리다
見(み)る	보다	見てしまう	봐버리다

お金を 全部 使ってしまいました。
오까네오 젬부 쓰깟떼 시마이마시다
돈을 전부 써버렸습니다.

約束の 時間に 遅れてしまいました。
약소꾸노 지깐니 오꾸레떼 시마이마시다
약속 시간에 늦고 말았습니다.

ここまで タクシーで 一時間も かかってしまいました。
고꼬마데 타쿠시–데 이찌지깜모 가깟떼 시마이마시다
여기까지 택시로 1시간이나 걸려버렸습니다.

Word ....

パーティー 파티　　全部(ぜんぶ) 전부　　使(つか)う 쓰다, 사용하다　　約束(やくそく) 약속
遅(おく)れる 늦다　　タクシー 택시　　かかる (시간이) 걸리다

168

A あの 小説^{しょうせつ}は どうでしたか。

아노 쇼-세쯔와 도-데시다까

B 面白^{おもしろ}くて、きのう 一晩^{ひとばん}で 全部^{ぜんぶ} 読^よんでしまいましたよ。

오모시로꾸떼   기노 히또반데 젬부 욘데 시마이마시따요

A 本当^{ほんとう}ですか。 大丈夫^{だいじょうぶ}ですか。

혼또-데스까   다이죠-부데스까

B きのう 小説^{しょうせつ}を 全部^{ぜんぶ} 読^よんで、

기노- 쇼-세쯔오 젬부 욘데

今朝^{けさ}は 寝坊^{ねぼう}して 遅刻^{ちこく}してしまいました。

게사와 네보-시떼 치코꾸시떼 시마이마시다

A   그 소설은 어땠습니까?

B   재미있어서, 어제 하룻밤에 전부 읽어 버렸어요.

A   정말이에요? 괜찮으세요?

B   어제 소설을 전부 읽고,
     오늘 아침에 늦잠을 자서 지각하고 말았어요.

小説 (しょうせつ) 소설
面白(おもしろ)い 재미있다
一晩 (ひとばん) 하룻밤
本当 (ほんとう) 정말
大丈夫(だいじょうぶ)だ 괜찮다, 튼튼하다
寝坊(ねぼう)する 늦잠자다
遅刻(ちこく)する 지각하다

✏ Pattern Drill

✿ 보기처럼 주어진 말을 우리말 뜻에 맞게 문장을 바꿔보세요.

보기

お金^{かね}を全部^{ぜんぶ}使^{つか}いました。   돈을 전부 썼습니다.

→ お金を全部使ってしまいました。   돈을 전부 써 버렸습니다.

① 彼^{かれ}は早^{はや}く帰^{かえ}りました。   → _____ 。

그는 일찍 가 버렸습니다.

② 約束^{やくそく}の時間^{じかん}に遅^{おく}れました。   → _____ 。

약속 시간에 늦고 말았습니다.

③ 弟^{おとうと}がパンを全部^{ぜんぶ}食^たべました。   → _____ 。

동생이 빵을 전부 먹어 버렸습니다.

유─소꾸 노 아 또   삼 뽀 데 모   시 마 쇼 ─
夕食の あと、散歩でも しましょう。
저녁식사 후   산책이라도   합시다.

🔊 동사에 접속하여 정중한 표현을 만드는 ます의 ましょう는 권유나 의지를 나타냅니다.

● ~ましょう ~합시다

ましょう는 ます의 권유형으로 상대방의 동의를 얻어서 자기가 행동을 일으키는 제안을 할 때 쓰입니다. 따라서 어떤 때는 권유의 뜻이 되기도 하고, 어떤 때는 의지를 나타내기도 합니다. 상대방의 의향을 물을 때는 의문이나 질문을 나타내는 종조사 か를 접속하여 ましょうか로 표현하기도 합니다.

この 本を いっしょに 読みましょう。
고노 홍오 잇쇼니 요미마쇼─
이 책을 함께 읽읍시다.

あした、どこで 会いましょうか。
아시따   도꼬데 아이마쇼─까
내일 어디서 만날까요?

● ~でも ~ましょうか ~라도 ~할까요

でも는 같은 성질을 같고 있는 것들 중에서 일부의 예를 들어서 가볍게 예시할 때 쓰이며, 우리말의 「~이라도」의 뜻에 해당합니다. 주로 ~でも ~ましょうか(ませんか)의 형태로 많이 쓰입니다.

喫茶店へ 行って コーヒーでも 飲みましょうか。
깃사뗑에 잇떼 코─히─데모 노미마쇼─까
다방에 가서 커피라도 마실까요?

山田さん、今晩 映画でも 見ませんか。
야마다상   곰방 에─가데모 미마셍까
야마다 씨, 오늘 밤 영화라도 보지 않을래요?

Word ···

一緒(いっしょ)に 함께   コーヒー 커피   今晩(こんばん) 오늘밤

170

A　夕食<ruby>ゆうしょく</ruby>の あと、散歩<ruby>さんぽ</ruby>でも しましょうか。
유-쇼꾸노 아또　　　삼뽀-데모 시마쇼-까

B　ええ、いいですね。そう しましょう。
에-　　이-데스네　　　소- 시마쇼-

A　夕食<ruby>ゆうしょく</ruby>は 何<ruby>なに</ruby>に しますか。パスタでも 食<ruby>た</ruby>べましょうか。
유-쇼꾸와 나니니 시마스까　　　　파스타데모 다베마쇼-까

B　パスタ 大好<ruby>だいす</ruby>きです。はやく 食<ruby>た</ruby>べに 行<ruby>い</ruby>きましょう。
파스타 다이스끼데스　　　하야꾸 다베니 이끼마쇼-

夕食 (ゆうしょく) 저녁식사	
パスタ 파스타	
大好(だいす) きだ 무척 좋아하다	

A　저녁 식사 후 산책이라도 할까요?

B　네, 좋아요. 그렇게 합시다.

A　저녁은 뭘로 할래요?
　　파스타라도 먹을까요?

B　파스타 정말 좋아해요.
　　빨리 먹으러 갑시다.

Pattern Drill

★ 보기처럼 주어진 말을 우리말 뜻에 맞게 문장을 바꿔보세요.

보기

わたしと一緒<ruby>いっしょ</ruby>に行<ruby>い</ruby>く　　　　　나와 함께 가다
→ わたしと一緒に行きましょう。　나와 함께 갑시다.

① 一緒<ruby>いっしょ</ruby>に日本語<ruby>にほんご</ruby>を習<ruby>なら</ruby>う　　　→ ＿＿＿＿＿＿＿＿＿＿＿＿ 。
　　　　　　　　　　　　　　　　함께 일본어를 배웁시다.

② あした公園<ruby>こうえん</ruby>でテニスをやる　　→ ＿＿＿＿＿＿＿＿＿＿＿＿ 。
　　　　　　　　　　　　　　　　내일 공원에서 테니스를 합시다.

③ レストランで食事<ruby>しょくじ</ruby>をする　　→ ＿＿＿＿＿＿＿＿＿＿＿＿ 。
　　　　　　　　　　　　　　　　레스토랑에서 식사를 합시다

^{야마 시따 상 와 쿄 ー 모 뵤ー끼데 쇼 ー 까}

山下さんは 今日も 病気でしょうか。

| 야마시타 씨는 | 오늘도 | 아픈 걸까요? |

📢 정중한 단정을 나타내는 です의 추측형은 でしょう입니다.

● ~でしょう ~(일/할) 것입니다

でしょう는 정중한 단정을 나타내는 です의 추측형으로 추측의 뜻을 나타내기도 하고, 상대방에게
확인하거나 자기가 말한 것에 대해 상대방의 동의를 구할 때도 씁니다.

품 사	~です	~でしょう	의 미
명 사	学生(がくせい)です	学生でしょう	학생일 것입니다
동 사	来(く)るです	来るでしょう	올 것입니다
형 용 사	寒(さむ)いです	寒いでしょう	추울 것입니다
형용동사	静(しず)かです	静かでしょう	조용할 것입니다

あしたも たぶん 暑^{あつ}いでしょう。
아시따모 다붕 아쯔이데쇼ー
내일도 아마 덥겠지요(더울 것입니다).

この 本^{ほん}は あなたのでしょう。
고노 홍와 아나따노데쇼ー
이 책은 당신 것이지요?

木村^{きむら}さんも もうすぐ 来^くるでしょう。
기무라삼모 모ー 스구 구루데쇼ー
기무라 씨도 이제 곧 올 것입니다.

この 周^{まわ}りも きっと 静^{しず}かでしょう。
고노 마와리모 깃또 시즈까데쇼ー
이 주위도 분명 조용하겠지요?

Word ┈┈

たぶん 아마 **暑(あつ)い** (날씨가) 덥다 **もう** 이제 **すぐ** 곧 **周(まわ)り** 주위

생생 토크

A 山下さんは 今日も やっぱり 欠席ですね。
야마시따상와 쿄-모 얍빠리 겟세끼데스네

B ええ、病気でしょうか。
에-   뵤-끼데쇼-까

A 山下さんは 体が 弱いですから。
야마시따상와 가라다가 요와이데스까라

B お見舞いでも 行きましょうか。
오미마이데모 이끼마쇼-까

A 야마시타 씨는 오늘도 역시 결석이네요.

B 네, 아픈 걸까요?

A 야마시타 씨는 몸이 약하니까요.

B 병문안이라도 갈까요?

やっぱり
역시

病気
(びょうき)
병

体(からだ)
몸

弱(よわ)い
약하다

お見舞(みま)
い
병문안

✏ Pattern Drill

★ 보기처럼 주어진 말을 우리말 뜻에 맞게 문장을 바꿔보세요.

보기

あしたも寒いです。   내일도 춥습니다.

→ あしたも寒いでしょう。   내일도 춥겠죠.

① すぐ晴れます。   → _____ 。
곧 개이겠죠.

② 今ソウルは雨です。   → _____ 。
지금 서울은 비가 내리겠죠.

③ 東京の物価は高いです。   → _____ 。
도쿄의 물가는 비싸겠죠.

173

会話ノート

과일과 채소 (1)

レモン [레몽] 레몬

バナナ [바나나] 바나나

すいか [스이까] 수박

オレンジ [오렌지]
오렌지

いちご [이찌고] 딸기

もも [모모] 복숭아

ぶどう [부도-] 포도

なし [나시] 배

りんご [링고] 사과

パイナップル
[파이납푸루] 파인애플

Part

12

동사의 과거·완료
표현 익히기

일본어 동사에 과거나 완료를 나타내는 조동사 た가
접속할 때는 어미의 종류에 따라 접속조사 て가 이어질
때와 마찬가지로 5단동사에서는 음편이 이루어집니다.
여기서는 동사 과거형의 활용을 중심으로 그 용례와 함
께 익혀 나가도록 합시다.

01 5단동사의 과거·완료 표현 (イ음편)

> 와 따 시 와 모 ― 가 이 따 요
> # わたしは もう 書いたよ。
> 난   다   썼지.

📢 5단동사 중에 어미가 く, ぐ인 경우 과거·완료를 나타내는 た가 접속할 때는 イ음편을 합니다.

● **동사 ~いた·いだ (イ음편)**

동사의 어미가 く·ぐ인 경우의 과거형은 앞서 배운 접속조사 て가 접속할 때와 마찬가지로 イ음편으로 く가 い로 바뀌어 과거·완료를 나타내는 조동사 た가 접속된 형태입니다. 단, 어미가 ぐ인 경우는 た가 어미 ぐ의 탁음이 이어져 だ가 됩니다.

기본형	의 미	~いた(だ)	의 미
書く	쓰다	書いた	썼다
聞く	듣다	聞いた	들었다
泳ぐ	헤엄치다	泳いだ	헤엄쳤다
脱ぐ	벗다	脱いだ	벗었다

동사의 과거형은 그 자체로 문장을 종결짓기도 합니다. 즉, 앞서 배운 ~ました(~했습니다)는 정중체이지만, ~た(했다)는 보통체입니다.

ゆうべ 友達に 手紙を 書いた。
유―베 도모다찌니 데가미오 가이따
어젯밤 친구에게 편지를 썼다.

部屋へ 入って 帽子を 脱いだ。
헤야에 하잇떼 보―시오 누이다
방에 들어가서 모자를 벗었다.

その 話は 誰に 聞いたの?
소노 하나시와 다레니 기이따노
그 이야기는 누구에게 들었니?

Word ∙∙

手紙(てがみ) 편지 **帽子(ぼうし)** 모자 **脱(ぬ)ぐ** 벗다

생생토크

A 先週の 授業で レポートが あるって 聞いたの?
센슈-노 쥬교-데 레포-토가 아룻떼 기이따노

B うん。聞いた。
웅   기이따

A 何で わたしに 言ってくれなかったの。
난데 와따시니 잇떼 구레나깟따노

まさか もう 書いたの。
마사까 모- 가이따노

B ごめん、忘れていた。わたしは もう 書いたよ。
고멩   와스레떼 이따   와따시와 모- 가이따요

A 지난주 수업에서 리포트가 있었다는 거 들었니?
B 응. 들었어.
A 왜 나한테 말 안 해줬어?
  설마 벌써 쓴 거야?
B 미안. 잊고 있었어. 난 다 썼지.

先週 (せんしゅう) 지난주
授業 (じゅぎょう) 수업
レポート 리포트
うん 응(대답)
まさか 설마
忘(わす)れる 잊다

Pattern Drill

✱ 보기처럼 주어진 말을 우리말 뜻에 맞게 문장을 바꿔보세요.

보기
> 友達に手紙を書きました。   친구에게 편지를 썼습니다.
> → 友達に手紙を書いた。   친구에게 편지를 썼다.

① 一人で公園を歩きました。   → _____ 。
  혼자서 공원을 걸었다.

② その話は木村君から聞きました。 → _____ 。
  그 이야기는 기무라에게 들었다.

③ 暑くて帽子を脱ぎました。   → _____ 。
  더워서 모자를 벗었다.

177

02 5단동사의 과거·완료 표현 (촉음편)

쵸- 죠- 니 노봇   따 도 끼노 샤 신 데 스
頂上に 登った ときの 写真です。

정상에   올랐을   때   사진입니다.

📢 5단동사 중에 어미가 う, つ, る인 경우 과거·완료를 나타내는 た가 접속할 때는 촉음편을 합니다.

● 동사 ~った (촉음편)

5단동사 중에 어미가 う・つ・る인 경우 과거·완료를 나타내는 조동사 た가 접속할 때는 접속조사 て가 이어질 때와 마찬가지로 어미가 촉음 っ로 바뀝니다.

기본형	의 미	~った	의 미
買(か)う	사다	買った	샀다
待(ま)つ	기다리다	待った	기다렸다
乗(の)る	타다	乗った	탔다

동사의 과거형은 뒤에 체언이 이어지면 「~한, ~했던」 의 뜻을 나타냅니다.

きのう 会った 人は 誰ですか。
기노- 앗따 히또와 다레데스까
어제 만난 사람은 누구입니까?

きのう 駅前で 彼女を 一時間も 待った。
기노- 에끼마에데 가노죠오 이찌지깜모 맛따
어제 역전에서 그녀를 1시간이나 기다렸다.

きのう デパートで 買った ものは 何ですか。
기노- 데파-토데 갓따 모노와 난데스까
어제 백화점에서 산 것은 무엇입니까?

Word ··

駅前(えきまえ) 역전   待(ま)つ 기다리다   デパート 백화점   買(か)う 사다

A この間富士山で撮った写真ができました。

고노 아이다 후지산데 돗따 샤싱가 데끼마시다

B もうできましたか。見せてください。

모- 데끼마시따까　　　　　미세떼 구다사이

A はい、どうぞ。

하이　　　도-조

この写真は頂上に登ったときの写真です。

고노 샤싱와 쵸-죠-니 노봇따 도끼노 샤신데스

B わあ、素的ですね。

와-　　스테끼데스네

A 요전에 후지산에서 찍었던 사진이 나왔어요.

B 벌써 나왔어요? 보여 주세요.

A 자, 여기요. 이 사진은 정상에 올랐을 때 사진입니다.

B 아, 멋지네요.

間(あいだ)	동아, 사이

撮(と)る
(사진을) 찍다

写真
(しゃしん)
사진

出来(でき)る
완성되다, 다되다

見(み)せる
보이(여주)다

頂上(ちょうじょう)
정상, 꼭대기

登(のぼ)る
오르다

素的(すてき)だ
멋지다

Pattern Drill

★ 보기처럼 주어진 말을 우리말 뜻에 맞게 문장을 바꿔보세요.

보기

駅前で友達に会いました。　　역전에서 친구를 만났습니다.

→ 駅前で友達に会った。　　역전에서 친구를 만났다.

① 彼女を一時間も待ちました。　→ ＿＿＿＿＿＿＿＿＿＿＿＿。

그녀를 1시간이나 기다렸다.

② 時間がなくてタクシーに乗りました。　→ ＿＿＿＿＿＿＿＿＿＿＿＿。

시간이 없어서 택시를 탔다.

③ デパートでかばんを買いました。　→ ＿＿＿＿＿＿＿＿＿＿＿＿。

백화점에서 가방을 샀다.

도모 다 찌 니 앗 떼 입 빠이 논 다 요
友だちに 会って 一杯 飲んだよ。
친구를   만나서   한 잔   마셨어.

📢 어미가 む, ぶ, ぬ인 경우 과거·완료를 나타내는 た가 접속할 때는 하네루 음편을 합니다.

● 동사 ~んだ (하네루 음편)

어미가 む ぶ ぬ로 끝나는 5단동사의 경우 과거 · 완료를 나타내는 た가 접속할 때는 어미가 はねる 음인 ん으로 바뀌어 た가 접속됩니다. はねる 음편인 경우는 た가 だ로 탁음화됩니다.

기본형	의 미	~んだ	의 미
飲(の)む	마시다	飲んだ	마셨다
呼(よ)ぶ	부르다	呼んだ	불렀다
死(し)ぬ	죽다	死んだ	죽었다

참고로 어미가 ぬ로 끝나는 동사는 死ぬ 하나밖에 없습니다.

ゆうべ ねこが 病気で 死んだ。
유-베 네꼬가 뵤-끼데 신다
어젯밤 고양이가 병으로 죽었다.

ゆうべ 夜遅くまで 小説を 読んだ。
유-베 요루오소꾸마데 쇼-세쯔오 욘다
어젯밤 밤늦게까지 소설을 읽었다.

さっき 大きな 声で 名前を 呼んだ 人は 誰ですか。
삭끼 오-끼나 고에데 나마에오 욘다 히또와 다레데스까
조금 전 큰 소리로 이름을 부른 사람은 누구입니까?

Word ··

猫(ねこ) 고양이   死(し)ぬ 죽다   夜遅く(よるおそ)く 밤늦게   大(おお)きな 커다란, 큰
声(こえ) (목)소리   名前(なまえ) 이름   呼(よ)ぶ 부르다

A ゆうべ、誰かに 会ったの。
유-베　다레까니 앗따노

B うん、鈴木君に 会って、一杯 飲んだよ。
웅　스즈끼꾼니 앗떼　입빠이 논다요

A 二人で 飲んだの。何で わたしは 誘わなかったの。
후따리데 논다노　난데 와따시와 사소와나깟따노

B 電話したけど、出なかったじゃん。
뎅와시따께도　데나깟따쟝

A 어젯밤에 누군가 만났니?

B 응, 스즈키를 만나서 한잔 마셨어.

A 둘이서 마신 거야? 왜 나는 안 불렀어.

B 전화했는데 안 받았잖아.

一杯
(いっぱい)
한 잔

誘(さそ)う
권유하다, 꾀다

電話(でんわ)
する
전화하다

出(で)る
나오다

Pattern Drill

★ 보기처럼 주어진 말을 우리말 뜻에 맞게 문장을 바꿔보세요.

보기

ゆうべ居酒屋でお酒を飲みました。　어젯밤 선술집에서 술을 마셨습니다.
→ ゆうべ居酒屋でお酒を飲んだ。　어젯밤 선술집에서 술을 마셨다.

① 犬を大きい声で呼びました。　→ ＿＿＿＿＿＿＿＿＿＿＿＿。
개를 큰 소리로 불렀다.

② 面白い小説を読みました。　→ ＿＿＿＿＿＿＿＿＿＿＿＿。
재미있는 소설을 읽었다.

③ かわいい子犬が死にました。　→ ＿＿＿＿＿＿＿＿＿＿＿＿。
귀여운 강아지가 죽었다.

5단동사의 과거 · 완료 표현 (무음편과 예외)

나까 무라　산　니　기 노ー 노　고　또　하나 시 따 노
中村さんに きのうの こと 話したの。

나카무라 씨한테　　　　　어제　　　일　　　말했니?

📢 어미가 す로 끝나는 5단동사는 음편을 하지 않으며 行く는 예외적으로 촉음편을 합니다.

● **5단동사의 무음편과 예외**

어미가 す인 5단동사의 과거형은 음편을 하지 않고 ます가 접속할 때와 마찬가지로 し로 바뀌어 과거
· 완료를 나타내는 た가 접속됩니다. 또, 行く(가다)만은 い音便을 하지 않고 예외적으로 つまる音便
을 합니다.

기본형	의 미	~た	의 미
話(はな)す	이야기하다	話した	이야기했다
消(け)す	끄다	消した	껐다
行(い)く	가다	行った	갔다

かれ　　ほんとう　　　　　　はな
彼に 本当の ことを 話した。
가레니 혼또ー노 고또오 하나시따
그에게 사실을 이야기했다.

なつやす　　　い なか　　　　　　　　　　す
夏休みは 田舎で ゆっくり 過ごした。
나쯔야스미와 이나까데 육꾸리 스고시따
여름휴가는 시골에서 푹 지냈다.

い
あなたは アメリカへ 行った ことが ありますか。
아나따와 아메리까에 잇따 고또가 아리마스까
당신은 미국에 간 적이 있습니까?

Word ··

話(はな)す 이야기하다　　**田舎(いなか)** 시골　　**ゆっくり** 푹, 천천히　　**過(す)ごす** 지내다
アメリカ 아메리카, 미국

A 部屋の 電気は 消したの。
헤야노 뎅끼와 게시따노

B あ、忘れていた。行って 消してくるよ。
아 와스레떼 이따 잇떼 게시떼 구루요

A いつも 忘れるね。
이쯔모 와스레루네

今日 中村さんに きのうの こと 話したの。
쿄- 나까무라산니 기노노 고또 하나시따노

B あ、忘れた。申しわけない。
아 와스레따 모-시와께나이

강빡 정이야 ····!!

A 방 불은 껐니?
B 아, 잊고 있었네. 가서 끄고 올게.
A 항상 잊는구나.
오늘 나카무라 씨한테 어제 일 말했니?
B 앗, 잊었다. 미안해.

電気(でんき)
전기

消(け)す
끄다

忘(わす)れる
잊다

申(もう)し訳
(わけ)ない
죄송하다

Pattern Drill

✱ 보기처럼 주어진 말을 우리말 뜻에 맞게 문장을 바꿔보세요.

보기

部屋の 電気を 消しました。　　방 전기를 껐습니다.
→ 部屋の 電気を 消した。　　방 전기를 껐다.

① 彼女にすべてを話しました。 → ＿＿＿＿＿＿＿＿＿＿＿＿＿ 。
그녀에게 모든 것을 말했다.

② 今年の冬は沖縄で過ごしました。 → ＿＿＿＿＿＿＿＿＿＿＿＿＿ 。
올 겨울은 오키나와에서 보냈다.

③ 木村さんはアメリカへ行きました。 → ＿＿＿＿＿＿＿＿＿＿＿＿＿ 。
기무라 씨는 미국에 갔다.

05 1단동사의 과거·완료 표현 (무음편)

기 노 - 도 쇼 깐 데 미 따 요

きのう 図書館で 見たよ。
어제   도서관에서   봤어.

📢 상1단·하1단동사에 과거·완료를 나타내는 た가 접속할 때는 ます가 접속될 때와 동일합니다.

● 상1단·하1단동사의 과거형

상1단·하1단동사의 과거형은 앞서 배운 접속조사 て가 접속할 때와 마찬가지로 끝음절인 る가 탈락되고 과거·완료를 나타내는 た가 이어집니다. 이처럼 5단동사에서는 음편이 있지만 상1단·하1단동사에서는 음편이 없으며, 대체적으로 어미의 활용이 단조롭습니다.

기본형	의 미	~た	의 미
見(み)る	보다	見た	보았다
起(お)きる	일어나다	起きた	일어났다
寝(ね)る	자다	寝た	잤다
食(た)べる	먹다	食べた	먹었다

この 映画を 見た 人は いませんか。
고노 에-가오 미따 히또와 이마셍까
이 영화를 본 사람은 없습니까?

ゆうべ はやく 寝て 今朝は はやく 起きた。
유-베 하야꾸 네떼 케사와 하야꾸 오끼따
어젯밤 일찍 자서 오늘 아침은 일찍 일어났다.

おなかが すいて パンを おいしく 食べた。
오나까가 스이떼 팡오 오이시꾸 다베따
배가 고파서 빵을 맛있게 먹었다.

Word ···

寝(ね)る 자다 **今朝(けさ)** 오늘 아침 **おなかが すく** 배가 고프다 **パン** 팡 **おいしい** 맛있다

A 野村先生の 論文、見た 人 いる?
노무라 센세-노 롬붕　　　미따 히또 이루

B うん、きのう ぼくが 図書館で 見たよ。
웅　　　기노- 보꾸가 도쇼깐데 미따요

A あ、よかった。
아　　요깟따

これから みんなで ご飯 食べに 行かない?
고레까라 민나데 고항 다베니 이까나이

B ぼくは もう 食べたよ。
보꾸와 모- 다베따요

A 노무라 선생님 논문 본 사람 있어?

B 응, 내가 어제 도서관에서 봤어.

A 아, 다행이다.

지금부터 다 같이 밥 먹으러 안 갈래?

B 난 벌써 먹었어.

論文（ろんぶん）
논문

きのう（昨日）
어제

ぼく（僕）
나(남성어)

図書館（としょかん）
도서관

みんな（皆）
모두

ご飯（はん）
밥

Pattern Drill

✱ 보기처럼 주어진 말을 우리말 뜻에 맞게 문장을 바꿔보세요.

보기

友達と映画を見ました。　　친구와 영화를 보았습니다.
→ 友達と映画を見た。　　친구와 영화를 보았다.

① 今日は朝早く起きました。 → ＿＿＿＿＿＿＿＿＿＿＿＿＿。
오늘은 아침 일찍 일어났다.

② ゆうべはぐっすり寝ました。 → ＿＿＿＿＿＿＿＿＿＿＿＿＿。
어젯밤은 푹 잤다.

③ 今朝から散歩を始めました。 → ＿＿＿＿＿＿＿＿＿＿＿＿＿。
오늘 아침부터 산책을 시작했다.

もう 来て 食事も したよ。
모 ― 기 때 쇼꾸지모 시 따 요
벌써 와서 식사도 했어.

📢 변격동사 くる, する는 정격활용을 하지 않고 きた, した로 변격활용을 합니다.

● 변격동사의 과거형

변격동사인 くる(오다)와 する(하다)에 과거·완료를 나타내는 た가 이어질 때도 ます가 접속될 때와
마찬가지로 어간이 き·し로 변하고 어미 る가 탈락됩니다.

日本から 来た 人が 山田さんですか。
니 홍까라 기따 히또가 야마다산데스까
일본에서 온 사람이 야마다 씨입니까?

子犬を 連れて 公園を 散歩した。
코이누오 쓰레떼 코―엥오 삼뽀시따
강아지를 데리고 공원을 산책했다.

● 예외적인 5단동사의 과거형

형태상 1단동사이지만 5단동사 활용을 하는 예외적인 5단동사는 어미가 る이므로 촉음편을 합니다.

기본형	~た(×)	~った(○)	의 미
知(し)る	知た	知った	알았다
入(はい)る	入た	入った	들어갔다
走(はし)る	走た	走った	달렸다
帰(かえ)る	帰た	帰った	돌아갔다

ぼくは 一時間も 早く うちへ 帰った。
보꾸와 이찌지깡모 하야꾸 우찌에 가엣따
나는 한 시간이나 일찍 집에 돌아갔다.

Word
・・・

子犬(こいぬ) 강아지   **連(つ)れる** 데리고 가다(오다) , 동반하다

A　木村君<small>きむらくん</small>は もう 来<small>き</small>た?
　　기무라꿍와 모- 기따

B　うん、もう 来<small>き</small>て 食事<small>しょくじ</small>も したよ。
　　웅　　　모- 기떼 쇼꾸지모 시따요

A　はやいね。今<small>いま</small>は どこに いる? 見<small>み</small>えないけど。
　　하야이네　　　이마와 도꼬니 이루　　　미에나이께도

B　もう 帰<small>かえ</small>ったよ。
　　모- 가엣따요

A　기무라는 벌써 왔니?

B　응, 벌써 와서 식사도 했어.

A　빠르다. 지금 어디 있어? 안 보이는데.

B　벌써 돌아갔지.

食事 （しょくじ） 식사	
早（はや）い 빠르다, 이르다	
見（み）える 보이다	
帰（かえ）る 돌아가(오)다	

Pattern Drill

★ 보기처럼 주어진 말을 우리말 뜻에 맞게 문장을 바꿔보세요.

보기

　彼女<small>かのじょ</small>はもう 来<small>き</small>ました。　　그녀는 벌써 왔습니다.

→　彼女<small>かのじょ</small>はもう来た。　　그녀는 벌써 왔다.

① 公園<small>こうえん</small>で散歩<small>さんぽ</small>をしました。　　→ _____ 。
　　　　　　　　　　　　　　　　　　　　　공원에서 산책을 했다.

② 彼は部屋<small>かれ　へや</small>に入<small>はい</small>りました。　　→ _____ 。
　　　　　　　　　　　　　　　　　　　　　그는 방에 들어갔다.

③ 彼女<small>かのじょ</small>はうちへ帰<small>かえ</small>りました。　　→ _____ 。
　　　　　　　　　　　　　　　　　　　　　그녀는 집에 갔다.

会話ノート

과일과 채소 (2)

キャベツ
[캬베츠] 양배추

キュウリ [큐-리] 오이

なす [나스] 가지

カボチャ
[카보쨔] 호박

ジャガイモ
[쟈가이모] 감자

トマト
[토마토] 토마토

ニンジン [닌징] 당근

ニンニク
[닌니꾸] 마늘

ピーマン
[피-망] 피망

タマネギ [다마네기] 양파

まめ_豆
[마메] 콩

ビート
[비-토] 비트

ブロッコリー
[부록코리-] 브로콜리

Part

13

た형을 이용한
여러 패턴 익히기

여기서는 동사의 과거형에 접속하여 쓰이는 표현 문형을 익힙니다. ~ことが あるが 접속하면 경험을 나타내며, ~ほうが いいが 접속하면 충고나 조언을 나타내며, あとでが 접속하면 동작이 일어난 후를 나타냅니다. 그리고 상태의 과거 표현도 배워 보도록 합시다.

01 경험의 표현

부 산 니 잇 따 고 또 가 아 리 마 스 요
プサンに 行った ことが ありますよ。
부산에   간   적이   있어요.

🔊 과거의 경험을 나타낼 때는 동사의 과거형에 ことが ある를 접속하여 표현합니다.

● **~た ことが ある** ~한 적이 있다

こと는 「일, 사실, 사정, 경우」를 뜻하는 말로 ことが ある(あります)의 형태로 동사의 과거형에 접속하면 「~한 적이 있다(있습니다)」의 뜻으로 과거의 경험을 나타냅니다.

彼女と アメリカへ 行った ことが あります。
가노죠또 아메리까에 잇따 고또가 아리마스
그녀와 미국에 간 적이 있습니다.

あなたは この 映画を 見た ことが ありますか。
아나따와 고노 에－가오 미따 고또가 아리마스까
당신은 이 영화를 본 적이 있습니까?

● **~た ことが ない** ~한 적이 없다

ことが ある가 동사의 과거형에 접속하면 경험을, 반대로 무경험을 나타낼 때는 동사의 과거형에 ことが ない(ありません)를 접속하면 됩니다.

わたしは 一度も 酒を 飲んだ ことが ありません。
와따시와 이찌도모 사께오 논다 고또가 아리마셍
나는 한 번도 술을 마신 적이 없습니다.

それは 聞いた ことの ない 話です。
소레와 기이따 고또노 나이 하나시데스
그것은 들은 적이 없는 이야기입니다.

Word ....

彼女(かのじょ) 그녀   アメリカ 미국   一度(いちど) 한 번   酒(さけ) 술

生生토크

A 金さんは 海外旅行を した ことが ありますか。
<ruby>金<rt>キム</rt></ruby>さんは <ruby>海外旅行<rt>かいがいりょこう</rt></ruby>を した ことが ありますか。
김상와 카이가이료꼬-오 시따 고또가 아리마스까

B まだ どこへも 行った ことが ありません。
まだ どこへも <ruby>行<rt>い</rt></ruby>った ことが ありません。
마다 도꼬에모 잇따 고또가 아리마셍

A 飛行機に 乗った ことは ありますか。
<ruby>飛行機<rt>ひこうき</rt></ruby>に <ruby>乗<rt>の</rt></ruby>った ことは ありますか。
히꼬-끼니 놋따 고또와 아리마스까

B はい、飛行機に 乗って プサンに 行った ことが
はい、<ruby>飛行機<rt>ひこうき</rt></ruby>に <ruby>乗<rt>の</rt></ruby>って プサンに <ruby>行<rt>い</rt></ruby>った ことが
하이   히꼬-끼니 놋떼 부산이 잇따 고또가

ありますよ。
아리마스요

A 김씨는 해외여행을 한 적이 있습니까?
B 아직 어디도 간 적이 없습니다.
A 비행기를 탄 적은 있습니까?
B 네, 비행기를 타고 부산에 간 적이 있어요.

海外旅行（かいがいりょこう）
해외여행

どこへも
어디에도, 아무데도

飛行機（ひこうき）
비행기

乗（の）る
타다

✏️ **Pattern Drill**

★ 보기처럼 주어진 말을 우리말 뜻에 맞게 문장을 바꿔보세요.

보기

<ruby>日本<rt>にほん</rt></ruby>へ<ruby>行<rt>い</rt></ruby>きました。   나는 일본에 갔습니다.
→ 日本へ 行った ことが あります。   나는 일본에 간 적이 있습니다.

① <ruby>サッカ選手<rt>せんしゅ</rt></ruby>に <ruby>会<rt>あ</rt></ruby>いました。   → _____ 。
축구선수를 만난 적이 있습니다.

② <ruby>面白<rt>おもしろ</rt></ruby>い <ruby>映画<rt>えいが</rt></ruby>を <ruby>見<rt>み</rt></ruby>ました。   → _____ 。
재미있는 영화를 본 적이 있습니다.

③ タバコを <ruby>吸<rt>す</rt></ruby>いませんでした。   → _____ 。
담배를 피운 적이 없습니다.

충고 · 조언의 표현

> 시 고또 오 야슨   다 호 - 가 이 - 데 스 요
> # 仕事を 休んだ ほうが いいですよ。
> 일을   쉬는   게   좋겠어요.
>
> 📢 동사의 과거형에 ほうが いい를 접속하면 조언이나 충고를 나타냅니다.

● **~た ほうが いい** ~하는 게 좋다

~た ほうが いい는 동사의 과거형에 ほうが いい가 접속된 형태로 「~한 것이(게) 좋다」라는 뜻으로 충고나 조언을 나타낼 때 많이 쓰이는 표현입니다.

> 　　いちにち　　はや　　くすり　　　の
> **一日も 早く 薬を 飲んだ ほうが いいですね。**
> 이찌니찌모 하야꾸 구스리오 논다 호-가 이-데스네
> 하루라도 빨리 약을 먹는 게 좋겠군요.

> 　くすり　　の　　　　　　　　　　やす
> **薬を 飲んで ぐっすり 休んだ ほうが いいですね。**
> 구스리오 논데 굿스리 야슨다 호-가 이-데스네
> 약을 먹고 푹 쉬는 게 좋겠군요.

> 　　　　　　でんしゃ　　い
> **バスより 電車で 行った ほうが いいですね。**
> 바스요리 덴샤데 잇따 호-가 이-데스네
> 버스보다 전철로 가는 게 좋겠군요.

● **薬を 飲む** 약을 먹다

우리말의 「약을 먹다」를 일본어로 표현할 때는 「薬を 飲む」라고 합니다. 우리말로 직역하여 「薬を 食べる」라고 하지 않도록 합시다. 또한 「의사」는 일본어에서는 医師(いし)라고도 하지만, 이것은 학술용어로 일반적으로 쓰인 말은 医者(いしゃ)라고 합니다. 부를 때는 お医者さん이라고 하며, 간호사는 看護婦(かんごふ)さん이라고 합니다.

Word ···

薬(くすり) 약   飲(の)む 마시다   ぐっすり 푹   休(やす)む 쉬다

A ゆうべ 薬を 飲んで 寝ましたが、ちっとも 治りません。
　　유-베 구스리오 논데 네마시따가　　　　　　　　칫또모 나오리마셍

B じゃ、お医者さんに 行った ほうが いいですね。
　　쟈　　　오이샤산니 잇따 호-가 이-데스네

A きのう、行きましたよ。でも、全然 治りません。
　　기노-　　　　이끼마시따요　　　　데모　　　젠젠 나오리마셍

B そうですか。
　　소-데스까

　　では、仕事を 休んだ ほうが いいですよ。
　　데와　　　시고또오 야슨다 호-가 이-데스요

A 어젯밤 약을 먹고 잤는데 조금도 낫질 않아요.

B 그럼, 병원에 가는 게 좋겠네요.

A 어제, 갔었어요. 그런데, 전혀 낫질 않아요.

B 그렇습니까?

　　그러면, 일을 쉬는 게 좋겠어요.

寝(ね)る
자다
ちっとも
조금도, 전혀
治(なお)る
(병이) 낫다
お医者 (いしゃ)さん
의사 선생님
全然 (ぜんぜん)
전혀
仕事(しごと)
일

Pattern Drill

✸ 보기처럼 주어진 말을 우리말 뜻에 맞게 문장을 바꿔보세요.

보기

ぐっすり休みました。　　　　　　　푹 쉬었습니다.

→ ぐっすり休んだほうがいいですね。　푹 쉬는 게 좋겠군요.

① タクシーに 乗りました。　　　　→ ＿＿＿＿＿＿＿＿＿＿＿＿＿＿＿。
　　　　　　　　　　　　　　　　　　택시를 타는 게 좋겠군요.

② 日本語を 勉強しました。　　　　→ ＿＿＿＿＿＿＿＿＿＿＿＿＿＿＿。
　　　　　　　　　　　　　　　　　　일본어를 공부하는 게 좋겠군요.

③ いい本を 読みました。　　　　　→ ＿＿＿＿＿＿＿＿＿＿＿＿＿＿＿。
　　　　　　　　　　　　　　　　　　좋은 책을 읽는 게 좋겠군요.

03 동작의 전후 표현

쇼꾸지 오 시 따 아 또 데 하 오 미가 끼마 스
食事を した あとで 歯を 磨きます。
식사를 　　한 　　후에 　　이를 　　닦습니다.

📢 동사의 과거형에 あと(で)를 접속하면 순차적인 동작을 나타냅니다.

● **동사의 기본형 ~前に** ~하기 전에

前には 때를 나타내는 前(まえ)에 시간을 나타내는 조사 に가 이어진 형태로 동사에 접속할 때는 기본형에 이어져 우리말의 「~하기 전에」의 뜻으로 뒷 문장보다 시간상으로 앞선 내용을 나타냅니다. 체언에 이어질 때는 ~の 前に의 형태를 취합니다.

ご飯を 食べる 前に 顔を 洗います。
고항오 다베루 마에니 가오오 아라이마스
밥을 먹기 전에 세수를 합니다.

食事を する 前に 新聞や ニュースを 見ます。
쇼꾸지오 스루 마에니 심붕야 뉴-스오 미마스
식사를 하기 전에 신문이나 뉴스를 봅니다.

● **동사의 과거형 ~た あと(で)** ~한 후에

あと(で)는 때를 나타내는 あと에 시간을 나타내는 で가 접속된 것으로 우리말의 「~ 다음에」에 해당합니다. 이 때 で는 생략할 수 있으며 동사의 과거형에 접속되어 「~한 다음에」의 뜻으로 순차적인 동작을 나타냅니다.

ご飯を 食べた あとで 顔を 洗います。
고항오 다베따 아또데 가오오 아라이마스
밥을 먹은 후에 세수를 합니다.

宿題を した あと、外へ 出て 遊びました。
슈꾸다이오 시따 아또　　소또에 데떼 아소비마시다
숙제를 한 후 밖에 나가서 놀았습니다.

Word ....

後(あと) 뒤, 나중　　前(まえ)に 전에　　顔(かお) 얼굴　　洗(あら)う 씻다
新聞(しんぶん) 신문　　外(そと) 밖　　出(で)る 나가다

194

A 木村さんは 食事を する 前に 歯を 磨きますか。
기무라상와 쇼꾸지오 스루 마에니 하오 미가끼마스까

B いいえ、食事を した あとで 歯を 磨きます。
이-에   쇼꾸지오 시따 아또데 하오 미가끼마스

A いつも 寝る 前は 何を しますか。
이쯔모 네루 마에와 나니오 시마스까

B 寝る 前には 音楽を 聞きます。
네루 마에니와 옹가꾸오 기끼마스

| 歯(は) |
| 이 |
| 磨(みが)く |
| 닦다 |
| 音楽 (おんがく) |
| 음악 |

A   기무라 씨는 식사를 하기 전에 이를 닦습니까?
B   아니오, 식사를 한 후에 이를 닦습니다.
A   항상 자기 전에 무엇을 합니까?
B   자기 전에는 음악을 듣습니다.

✎ **Pattern Drill**

★ 보기처럼 주어진 말을 우리말 뜻에 맞게 문장을 바꿔보세요.

보기

食事をする / 手を洗う   식사를 하다 / 손을 씻다
→ 食事をする前に手を洗います。   식사를 하기 전에 손을 씻습니다.

① 彼に会う / 化粧をする   → ＿＿＿＿＿＿＿＿＿＿＿＿＿＿ 。
                                  그를 만나기 전에 화장을 합니다.

② ご飯を食べる / 手を洗う   → ＿＿＿＿＿＿＿＿＿＿＿＿＿＿ 。
                                  밥을 먹기 전에 손을 씻습니다.

③ シャワーを浴びる / テレビを見る → ＿＿＿＿＿＿＿＿＿＿＿＿＿＿ 。
                                  샤워를 한 후에 텔레비전을 봅니다.

04 설명·강조의 표현

기 노 – 다레 까 니 앗 딴 데 스 까
きのう 誰かに 会ったんですか。

어제　　　누군가를　　　　　만났습니까?

📢 설명이나 강조하는 기분을 나타낼 때는 활용어에 の(ん)です를 접속하여 표현합니다.

● ~の(ん)です　~(것)입니다

~のです는 문장에 의미를 부여하기 위해, 또는 말하는 사람이 설명이나 강조하는 기분을 나타내고자 할 때 문장 끝의 기본형이나 과거형에 붙여 씁니다. 구어체에서는 흔히 ~んです로 줄여 씁니다. 동사나 형용사에 접속할 때는 ~のです의 형태를 취하지만, 명사나 형용동사에 이어질 때는 ~なのです의 형태를 취합니다.

山下さんは もう 帰ったの(ん)ですか。
야마시따상와 모– 가엣따노(딴)데스까
야마시타 씨는 벌써 돌아갔습니까?

彼は 最近 忙しいの(ん)です。
카레와 사이낑 이소가시–노(인)데스
그는 요즘 바쁩니다.

あしたは 母の 誕生日なの(ん)です。
아시따와 하하노 탄죠–비나노(난)데스
내일은 어머니 생일입니다.

わたしは 秋が 好きなの(ん)です。
와따시와 아끼가 스끼나노(난)데스
나는 가을을 좋아합니다.

Word
....

忙(いそが)しい 바쁘다　　誕生日(たんじょうび) 생일　　秋(あき) 가을

생생 토크

A きのう 誰かに 会ったんですか。
기노- 다레까니 앗딴데스까

B ええ、韓国から 来た 金さんに 会ったんです。
에-   캉꼬꾸까라 기따 김산니 앗딴데스

A 金さんと どこに 行ったんですか。
김산또 도꼬니 잇딴데스까

B 浅草に 行ったんです。
아사꾸사니 잇딴데스

A 어제, 누군가를 만났습니까?
B 네, 한국에서 온 김씨를 만났어요.
A 김씨와 어디에 갔습니까?
B 아사쿠사에 갔습니다.

<table>
<tr><td>誰(だれ)</td></tr>
<tr><td>누구</td></tr>
<tr><td>浅草
（あさくさ）</td></tr>
<tr><td>일본 지명</td></tr>
</table>

✏ Pattern Drill

✱ 보기처럼 주어진 말을 우리말 뜻에 맞게 문장을 바꿔보세요.

보기

誰と映画を見ましたか。   누구와 영화를 보았습니까?

→ 誰と映画を見たんですか。   누구와 영화를 보았습니까?

① ゆうべ誰に 会いましたか。   → _____ 。
                              어젯밤 누구를 만났습니까?

② レストランで何を 食べましたか。 → _____ 。
                              레스토랑에서 무엇을 먹었습니까?

③ 今日は創立記念日です。   → _____ 。
                              오늘은 창립기념일입니다.

기 노 - 노 시 껭와 무즈까시 깟 딴 데 스 까
きのうの 試験は 難しかったんですか。
어제   시험은   어려웠습니까?

📢 형용사의 과거형은 어미 い를 かった로 표현하며 정중하게 말할 때는 です를 접속합니다.

● 형용사 과거형

형용사의 과거형은 기본형의 어미 い가 かっ으로 바뀌어 과거·완료를 나타내는 た가 접속된 かった 의 형태를 취합니다.

기본형	~かった	의 미
安(やす)い	安かった	(값이) 쌌다
高(たか)い	高かった	(값이) 비쌌다
易(やさ)しい	易しかった	쉬웠다

● 형용사 ~かったです   ~했습니다

형용사의 과거형을 정중하게 표현할 때는 과거형에 です를 접속하면 됩니다. 형용사의 기본형에 です의 과거형인 でした를 접속하여 ~いでした로 정중한 과거형을 표현하기 쉬우나 이것은 틀린 표현으로 기본형의 과거형에 です를 접속하여 ~かったです로 표현해야 합니다.

あの レストランは 本当(ほんとう)に おいしかったです。
아노 레스토랑와 혼또-니 오이시깟따데스
그 레스토랑은 정말 맛있었습니다.

今年(ことし)の 冬(ふゆ)は 去年(きょねん)に 比(くら)べて ずいぶん 寒(さむ)かったです。
고또시 후유와 쿄넨니 구라베떼 즈이분 사무깟따데스
올 겨울은 작년에 비해 무척 추웠습니다.

Word ···

今年(ことし) 올해, 금년   冬(ふゆ) 겨울   去年(きょねん) 작년   比(くら)べる 비교하다
ずいぶん 몹시, 무척   寒(さむ)い 춥다

A きのうの 試験(しけん)は 難(むずか)しかったんですか。

기노-노 시껭와 무즈까시깟딴데스까

B 英語(えいご)は 難(むずか)しかったんですが、数学(すうがく)は 易(やさ)しかったんです。

에-고와 무즈까시깟딴데스가   스-가꾸와 야사시깟딴데스

A そうですか。昨日(きのう) あの レストランに 行(い)きましたか。

소-데스까   기노- 아노 레스토란니 이끼마시다까

B はい。とても おいしかったです。

하이   도떼모 오이시깟따데스

A 어제 시험은 어려웠습니까?

B 영어는 어려웠습니다만, 수학은 쉬웠습니다.

A 그렇습니까? 어제 그 레스토랑에 갔습니까?

B 네. 정말 맛있었습니다.

単語	
試験(しけん)	시험
難(むずか)しい	어렵다
英語(えいご)	영어
数学(すうがく)	수학
易(やさ)しい	쉽다

Pattern Drill

★ 보기처럼 주어진 말을 우리말 뜻에 맞게 문장을 바꿔보세요.

보기

今年(ことし)の冬(ふゆ)は寒(さむ)い   올 겨울은 춥다

→ 今年の冬は寒かったです。   올 겨울은 추웠습니다.

① 靴(くつ)は思(おも)ったより安(やす)い   → _____。

구두는 생각보다 쌌습니다.

② 数学(すうがく)の問題(もんだい)は易(やさ)しい   → _____。

수학 문제는 쉬웠습니다.

③ あの映画(えいが)は本当(ほんとう)に面白(おもしろ)い   → _____。

그 영화는 정말 재미있었습니다.

06 형용동사 · 단정의 과거형

각 꼬 ─ 노　도 쇼 깡 와　시 즈 까　닷 따 노
学校の 図書館は 静かだったの。
学校　　　　도서관은　　　　　조용했니?

📢 형용동사의 과거형은 だった 형태를 취하며, 정중하게 말할 때는 です를 접속하거나 어간에 でした를 접속하여 표현합니다.

● 형용동사의 과거형

형용동사의 과거형은 어미 だ를 だっ으로 바꾸고 과거·완료를 나타내는 た를 접속한 だった의 형태를 취합니다. 또한 だった에 です를 접속하면 でした와 동일한 의미가 됩니다.

あの 選手は 前は 有名だった。
아노 센슈와 마에와 유─메─닷따
저 선수는 전에는 유명했다.

昔、この 川の 水は とても きれいだったです。
무까시　고노 가와노 미즈와 도떼모 기레─닷따데스
옛날에 이 강물은 매우 깨끗했습니다.

● 명사 ~だった ~이었다

정중한 단정을 나타내는 です의 과거형은 でした이지만, 형용동사의 과거형과 마찬가지로 보통체인 だ의 과거형은 だった입니다. 또한 だった에 です를 접속하면 でした와 동일한 의미가 됩니다.

この 建物は 前は 学校だった。
고노 다떼모노와 마에와 각꼬─닷따
이 건물은 전에는 학교였다.

木村さんは 学生時代には 有名な 野球選手だったです。
기무라상와 각세─지다이니와 유─메─나 야뀨─센슈닷따데스
기무라 씨는 학창시절 유명한 야구선수였습니다.

Word ···

選手(せんしゅ) 선수　有名(ゆうめい)だ 유명하다　川(かわ) 강　水(みず) 물
綺麗(きれい)だ 깨끗하다　建物(たてもの) 건물　学生時代(がくせいじだい) 학창시절
野球(やきゅう) 야구

A 学校の 図書館は 静かだったの。
각꼬-노 도쇼깡와 시즈까닷따노

B ううん、そんなに 静かじゃなかったよ。
우웅　　　　　손나니 시즈까쟈 나깟따요

A 学校の 前の 建物が 工事中で、
각꼬-노 마에노 다떼모노가 코-지쮸-데

静かじゃなかったのか。
시즈까쟈 나깟따노까

B うん。スーパーだった 建物が もう なくて 困るよ。
웅　　　　스-파-닷따 다떼모노가 모- 나꾸떼 고마루요

A 학교 도서관은 조용했어?

B 아니, 그다지 조용하진 않았어.

A 학교 앞 건물이 공사 중이라서

　　조용하지 않았나?

B 응, 슈퍼였던 건물이 이제 없어져서 안 좋아.

工事中

図書館 (としょかん) 도서관
そんなに 그렇게, 그다지
工事(こうじ) 공사
スーパー 슈퍼
困(こま)る 곤란하다, 난처하다

✎ Pattern Drill

★ 보기처럼 주어진 말을 우리말 뜻에 맞게 문장을 바꿔보세요.

보기

あの歌手は昔有名でした。　　그 가수는 옛날에 유명했습니다.

→ あの歌手は昔有名だった。　　그 가수는 옛날에 유명했다.

① この住宅街は昔静かでした。　→ ＿＿＿＿＿＿＿＿＿＿＿＿。
　　　　　　　　　　　　　　　　　이 주택가는 옛날에 조용했다.

② この商店街は昔賑やかでした。　→ ＿＿＿＿＿＿＿＿＿＿＿＿。
　　　　　　　　　　　　　　　　　이 상가는 옛날에 붐볐다.

③ このビルは昔病院でした。　→ ＿＿＿＿＿＿＿＿＿＿＿＿。
　　　　　　　　　　　　　　　　이 빌딩은 옛날에 병원이었다.

会話ノート

동물과 가축 (1)

ぞう [조−] 코끼리

サイ [사이] 코뿔소

ライオン [라이옹] 사자

やぎ [야기] 염소

うし_牛 [우시] 소

うま_馬 [우마] 말

ひつじ_羊 [히쓰지] 양

ぶた [부따] 돼지

Part 14

부정표현
ない형 익히기

일본어에 있어서 부정 표현은 앞서 배운 정중체의 ~
ません과 보통체의 ~ない가 있습니다, 여기서는 지금까
지 배운 형용사, 단정, 형용동사, 동사에 ない가 접속하
는 부정형을 배워 보도록 합시다.

01 형용사의 부정형

와따시와　　손　나니　사무꾸나이데스요
私は そんなに 寒くないですよ。

저는　　　그다지　　　　춥지 않아요.

📢 형용사의 부정형은 어미 い를 く로 바꾸고 부정어 ない를 접속하여 표현합니다.

● **~くない** ~하지 않다

형용사의 부정형은 어미 い를 く로 바꾸어 부정어 ない를 접속하면 됩니다. 앞서 배운 ~く ありませ
ん은 정중체이지만, ~くない는 보통체입니다. 그러나 ~くない에 です를 접속하면 ~くありません
과 같은 뜻이 됩니다. 부정어 ない는 본래 형용사로 ある(있다)의 반대어인 ない(없다)이지만 활용어
에 접속하여 부정어를 만들 때는 「~아니다」 라는 뜻이 됩니다. 활용은 형용사 ない와 동일합니다.

기본형	부정형	의 미
安(やす)い	安くない	(값이) 싸지 않다
高(たか)い	高くない	(값이) 비싸지 않다
易(やさ)しい	易しくない	쉽지 않다

この レストランの 料理は あまり おいしくない。
고노 레스토란노 료—리와 아마리 오이시꾸 나이
이 레스토랑의 요리는 별로 맛이 없다.

デパートで あまり 高くない ネクタイを 買いました。
데파—토데 아마리 다까꾸 나이 네쿠타이오 가이마시다
백화점에서 별로 비싸지 않은 넥타이를 샀습니다.

この 数学の 問題は あまり 難しくないです。
고노 스—가꾸노 몬다이와 아마리 무즈까시꾸 나이데스
이 수학 문제는 별로 어렵지 않습니다.

Word . . . .

デパート 백화점　**あまり** 그다지, 별로　**ネクタイ** 넥타이　**数学(すうがく)** 수학
問題(もんだい) 문제

생생토크

A ここ 寒いですね。他の 所に 行きましょうか。
고꼬 사무이데스네   호까노 도꼬로니 이끼마쇼-까

B 私は そんなに 寒くないですよ。ここでも いいですよ。
와따시와 손나니 사무꾸 나이데스요   고꼬데모 이-데스요

A ところで、高橋さんは 背が 高いですね。
도꼬로데   다까하시상와 세가 다까이데스네

どのくらい ありますか。
도노쿠라이 아리마스까

B いいえ、そんなに 高くないですよ。170センチです。
이-에   손나니 다까꾸 나이데스요   햐꾸나나쥬- 센치데스

他(ほか)
그밖

所(ところ)
곳, 장소

背(せ)が
高(たか)い
키가 크다

センチ
단정의 부정 표현

A 여기 춥네요. 다른 곳으로 갈까요?

B 저는 그다지 춥지 않아요. 여기도 괜찮은데요.

A 그런데, 다카하시 씨는 키가 크군요.

키가 어느 정도이세요?

B 아니요. 그다지 크지 않아요. 170센티미터입니다.

Pattern Drill

★ 보기처럼 주어진 말을 우리말 뜻에 맞게 문장을 바꿔보세요.

보기

今年の冬はあまり寒くありません。   올 겨울은 별로 춥지 않습니다.

→ 今年の冬はあまり寒くない。   올 겨울은 별로 춥지 않다.

① このかばんはあまり高くありません。 → _____ 。
　　　　　　　　　　　　　　　　　　　　이 가방은 별로 비싸지 않다.

② この頃はあまり忙しくありません。 → _____ 。
　　　　　　　　　　　　　　　　　　　　요즘은 별로 바쁘지 않다.

③ この漫画はあまり面白くありません。 → _____ 。
　　　　　　　　　　　　　　　　　　　　이 만화는 별로 재미있지 않다.

우 웅　　다이 가꾸 노　다떼 모노 쟈　나 이 요
ううん、大学の 建物じゃないよ。
아니,　　　　대학　　　　　건물이 아냐.

📢 단정을 나타내는 だ의 부정형은 では ない이며, です의 부정형은 では ありません입니다.

● **명사 ~ではない**　~이(가) 아니다

정중한 단정을 나타내는 です의 보통체인 だ의 부정형은 ~ではない입니다. 구어체에서는 보통 ~じゃない로 말하며, 부정형에 です를 접속하면 ~では(じゃ)ありません과 동일한 의미가 됩니다. 참고로 문어체에서는 だ보다는 である를 씁니다.

기본형		부정형
보통체	~だ	~では(じゃ) ない
정중체	~です	~では(じゃ) ありません ~では(じゃ) ないです

かれ　　　　　かいしゃ　しゃいん
彼は この 会社の 社員では(じゃ)ない。
카레와 고노 카이샤노 샤인데와(쟈) 나이
그는 이 회사의 사원이 아니다.

がくせい　　　　　　　　　ひと　て　あ
学生では(じゃ)ない 人は 手を 挙げてください。
각세−데와(쟈) 나이 히또와 데오 아게떼 구다사이
학생이 아닌 사람은 손을 드세요.

き むら　　　　　　　　　　　　　　せんしゅ
木村さんは この チームの サッカー選手では(じゃ)ないです。
기무라상와 고노 치−무노 삭까− 센슈데와(쟈) 나이데스
기무라 씨는 이 팀의 축구 선수가 아닙니다.

よしむら　　　まえ　　　がっこう　せんせい
吉村さんは 前は この 学校の 先生では(じゃ)なかった。
요시무라상와 마에와 고노 각꼬−노 센세−데와(쟈) 나깟따
요시무라 씨는 전에는 이 학교의 선생이 아니었다.

Word ....

大学(だいがく) 대학　**社員(しゃいん)** 사원　**手(て)** 손　**挙(あ)げる** 들다　**サッカー** 축구
選手(せんしゅ) 선수

A あの 立派(りっぱ)な 建物(たてもの)、大学(だいがく)なの?

아노 립빠나 다떼모노　　　다이가꾸나노

B ううん、大学(だいがく)の 建物(たてもの)じゃないよ。研究所(けんきゅうじょ)だよ。

우웅　　　다이가꾸노 다떼모노쟈 나이요　　　겡뀨-죠다요

A ちょっと 行(い)ってみない?

촛또 잇떼 미따이

B 研究者(けんきゅうしゃ)じゃない 人(ひと)も 大丈夫(だいじょうぶ)かな。

겡뀨-샤쟈 나이 히또모 다이죠-부까나

A 저 멋진 건물, 대학교야?

B 아니, 대학 건물이 아냐. 연구소야.

A 잠깐 가보지 않을래?

B 연구원이 아닌 사람도 괜찮나.

立派(りっぱ)だ
훌륭하다, 멋지다

建物(たてもの)
건물

研究所(けんきゅうしょ)
연구소

研究者(けんきゅうしゃ)
연구자

大丈夫(だいじょうぶ)だ
괜찮다

Pattern Drill

★ 보기처럼 주어진 말을 우리말 뜻에 맞게 문장을 바꿔보세요.

보기

彼(かれ)はこの会社(かいしゃ)の社員(しゃいん)ではありません。　그는 이 회사의 사원이 아닙니다.

→　彼(かれ)はこの会社(かいしゃ)の社員(しゃいん)ではない。　그는 이 회사의 사원이 아니다.

① このビルは銀行(ぎんこう)ではありません。　→ ＿＿＿＿＿＿＿＿＿＿＿＿＿＿＿。

이 빌딩은 은행이 아니다.

② あの方(かた)は先生(せんせい)じゃありません。　→ ＿＿＿＿＿＿＿＿＿＿＿＿＿＿＿。

저 분은 선생님이 아니다.

③ 彼(かれ)は弁護士(べんごし)じゃありませんでした。　→ ＿＿＿＿＿＿＿＿＿＿＿＿＿＿＿。

그는 변호사가 아니었다.

형용동사의 부정형

> 난 데 유-메- 쟈 나 깟 따 노
> # なんで 有名じゃなかったの?
>
> 왜   유명하지 않았어?
>
> ◀ 형용동사의 부정형은 で(は)ない이며, 정중하게 말할 때는 です를 접속하거나 ではありません 으로 나타냅니다.

● **형용동사 ~ではない** ~하지 않다

형용동사의 부정형은 ~ではない입니다. 구어체에서는 보통 ~じゃない로 말하며, 부정형에 です를 접속하면 ~では(じゃ)ありません과 동일한 의미가 됩니다.

	기본형	부정형
보통체	~だ	~では(じゃ) ない
정중체	~です	~では(じゃ) ありません ~では(じゃ) ないです

あの 選手は そんなに 有名では(じゃ)ない。
아노 센슈와 손나니 유-메-데와(쟈) 나이
저 선수는 그리 유명하지 않다.

彼は あまり 必要では(じゃ)ない 品物を 買った。
카레와 아마리 히쯔요-데와(쟈) 나이 시나모노오 갓따
그는 별로 필요하지 않는 물건을 샀다.

この 公園は 人が 多くて あまり 静かでは(じゃ)ないです。
고노 코-엥와 히또가 오-꾸떼 아마리 시즈까데와(쟈) 나이데스
이 공원은 사람이 많아서 별로 조용하지 않습니다.

木村さんの アパートは 古くて きれいでは(じゃ)なかった。
기무라산노 아파-토와 후루꾸떼 기레-데와(쟈) 나갓따
기무라 씨 아파트는 낡아서 깨끗하지 않았다.

Word ....

歌手(かしゅ) 가수 有名(ゆうめい)だ 유명하다 必要(ひつよう)だ 필요하다 品物(しなもの)
물건 多(おお)い 많다 古(ふる)い 낡다, 오래되다

208

A　この 店は 前も 有名だったの。

고노 미세와 마에모 유-메-닷따노

B　ううん、今は 有名だが、前は 有名じゃなかったよ。

우웅　　　이마와 유-메-다가　　　마에와 유-메-쟈 나깟따요

A　なんで 有名じゃなかったの?

난데 유-메-쟈 나깟따노

B　前は こんなに きれいじゃなかったから。

마에와 곤나니 기레-쟈 나깟따까라

A　이 가게는 전에도 유명했니?

B　아니, 지금은 유명한데, 전에는 유명하지 않았어.

A　왜 유명하지 않았어?

B　전에는 이렇게 깨끗하지 않았거든.

店(みせ)	가게
ううん	부정 대답
何(なん)で	왜, 어째서
こんなに	이렇게

Pattern Drill

★ 보기처럼 주어진 말을 우리말 뜻에 맞게 문장을 바꿔보세요.

보기

ここはあまり静かではありません。　여기는 그다지 조용하지 않습니다.

→ ここはあまり静かではない。　여기는 그다지 조용하지 않다.

① あの歌手はあまり有名ではありません。　→ ＿＿＿＿＿＿＿＿＿＿＿＿＿。

저 가수는 별로 유명하지 않다.

② これはあまり必要じゃありません。　→ ＿＿＿＿＿＿＿＿＿＿＿＿＿。

이것은 별로 필요 없다.

③ ここは昔賑やかじゃありませんでした。　→ ＿＿＿＿＿＿＿＿＿＿＿＿＿。

여기는 옛날에 붐비지 않았다.

5단동사의 부정형 (1)

옹 가꾸 와 기 까 나 이 노 데 스 까
音楽は 聞かないのですか。
음악은   안 들으세요?

📢 5단동사의 부정형은 어미 う단을 あ단으로 바꿔 부정어 ない를 접속하여 표현합니다.

● **5단동사 ~ない** ~하지 않다

동사의 부정형은 ない가 접속된 형태를 말합니다. 이 때 ない는 「없다」는 뜻이 아니라 「~(하)지 않다」의 뜻으로 부정을 나타냅니다. 5단동사의 부정형은 어미 う단이 あ단으로 바뀌어 ない가 접속됩니다.

기본형	의 미	부정형	의 미
行(い)く	가다	行かない	가지 않다
泳(およ)ぐ	헤엄치다	泳がない	헤엄치지 않다
待(ま)つ	기다리다	待たない	기다리지 않다
乗(の)る	타다	乗らない	타지 않다

きょう　　　　にちようび　　　　　　　　　　がっこう　い
今日は 日曜日なので、学校へ行かない。
쿄-와 니찌요-비나노데　　　　각꼬-에 이까나이
오늘은 일요일이어서 학교에 가지 않는다.

　　うみ　　　　　　　　　　　　およ
この 海では なかなか 泳がないです。
고노 우미데와 나까나까 오요가나이데스
이 바다에서는 좀처럼 헤엄치지 않습니다.

　　　　　　　　の　　　　　　　　　　　　　　の
タクシーに 乗らない ときは バスに 乗ります。
타쿠시-니 노라나이 도끼와 바스니 노리마스
택시를 타지 않을 때는 버스를 탑니다.

Word ....

海(うみ) 바다　　**なかなか** 좀처럼(부정어 수반)　　**泳(およ)ぐ** 헤엄치다　　**タクシー** 택시

210

생생 토크

A 吉村さんは 会社へ 行かない ときは 何を しますか。
요시무라상와 카이샤에 이까나이 도끼와 나니오 시마스까

B うちで 休みながら、テレビを 見ます。
우찌데 야스미나가라 　　　　테레비오 미마스

A 音楽は 聞かないのですか。
옹가꾸오 기까나이노데스까

B あ、音楽も 聞きますね。
아 　　　옹가꾸모 기끼마스네

会社 (かいしゃ)	회사
休(やす)む	쉬다
音楽 (おんがく)	음악
聞(き)く	듣다

A 요시무라 씨는 회사에 가지 않을 때는 무엇을 합니까?

B 집에서 쉬면서 텔레비전을 봅니다.

A 음악은 안 들으세요?

B 아, 음악도 들어요.

Pattern Drill

★ 보기처럼 주어진 말을 우리말 뜻에 맞게 문장을 바꿔보세요.

보기

今日は学校へ行きません。　　　　오늘은 학교에 가지 않습니다.

→ 今日は学校へ行かない。　　　　오늘은 학교에 가지 않는다.

① ここでは靴をはきません。　　→ ＿＿＿＿＿＿＿＿＿＿＿＿＿＿ 。
　　　　　　　　　　　　　　　　여기서는 구두를 신지 않는다.

② 僕は重い荷物を持ちません。　→ ＿＿＿＿＿＿＿＿＿＿＿＿＿＿ 。
　　　　　　　　　　　　　　　　나는 무거운 짐을 들지 않는다.

③ 僕はなかなかタクシーに乗りません。 → ＿＿＿＿＿＿＿＿＿＿＿＿＿＿ 。
　　　　　　　　　　　　　　　　나는 좀처럼 택시를 타지 않는다.

211

とにかく、話さないよ。
토니카꾸   하나사나이요

아무튼,   말하지 않겠어.

📢 5단동사의 부정형은 어미 う단을 あ단으로 바꿔 부정어 ない를 접속하여 표현합니다.

● 5단동사 ~ない   ~하지 않다

5단동사의 부정형은 어미 う단을 あ단으로 바꾸어 ない가 접속합니다. 단 주의해야 할 점은 어미가 う인 경우에는 あ가 아니라 わ로 바꾸어 ない가 접속된다는 점입니다.

기본형	의 미	부정형	의 미
言(い)う	말하다	言わない	말하지 않다
読(よ)む	읽다	読まない	읽지 않다
飛(と)ぶ	날다	飛ばない	날지 않다
死(し)ぬ	죽다	死なない	죽지 않다
話(はな)す	이야기하다	話さない	이야기하지 않다

本を 読まない ときは 音楽を 聞く。
홍오 요마나이 도끼와 옹가꾸오 기꾸
책을 읽지 않을 때는 음악을 듣는다.

あの 鳥は 怪我を して 飛ばない。
아노 토리와 케가오 시떼 도바나이
저 새는 다쳐서 날지 않는다.

彼女は 何も 言わないで 行ってしまいました。
카노죠와 나니모 이와나이데 잇떼 시마이마시다
그녀는 아무 말도 하지 않고 가 버렸습니다.

今 聞いた 話は 誰にも 話さない。
이마 기이따 하나시와 다레니모 하나사나이
지금 들은 이야기는 아무에게도 이야기하지 않겠다.

Word ···

時(とき) 때   鳥(とり) 새   怪我(けが)をする 다치다   言(い)う 말하다

A これから お前には 何も 言わない。
고레까라 오마에니와 나니모 이와나이

B どうしてですか。
도-시떼데스까

僕が なんか 悪い ことでも したんですか。
보꾸가 낭까 와루이 고또데모 시딴데스까

A いやいや、そうじゃないけど。とにかく、話さないよ。
이야이야　　소-쟈 나이께도　　토니카꾸　　하나사나이요

B 何か あったんですね。教えてください。
낭까 앗딴데스네　　오시에떼 구다사이

なんか	등, 따위
悪(わる)い	나쁘다, 좋지 않다
とにかく	아무튼
教(おし)える	가르치다

A 이제부터 너한테는 아무 것도 말하지 않을 거야.

B 왜 그러십니까?

제가 뭐 잘못이라도 했습니까?

A 아니, 그건 아닌데. 아무튼, 말하지 않겠어

B 무슨 일이 있었군요. 가르쳐 주세요.

Pattern Drill

✱ 보기처럼 주어진 말을 우리말 뜻에 맞게 문장을 바꿔보세요.

보기

彼は何も言いません。　　그는 아무것도 말하지 않습니다.

→　彼は何も言わない。　　그는 아무것도 말하지 않는다.

① 彼はお酒を飲みません。　　→ ＿＿＿＿＿＿＿＿＿＿＿＿＿＿ 。
　　그는 술을 마시지 않는다.

② 彼女はなかなか本を読みません。　　→ ＿＿＿＿＿＿＿＿＿＿＿＿＿＿ 。
　　그녀는 좀처럼 책을 읽지 않는다.

③ そのことは誰にも話しません。　　→ ＿＿＿＿＿＿＿＿＿＿＿＿＿＿ 。
　　그 일은 아무에게도 말하지 않겠다.

도 – 시 떼　고 나 이 까　와 까 리 마 셍
どうして 来ないか 分かりません。
왜　　　　　안 오는지　　　모르겠습니다.

📢 상1단·하1단의 부정형은 ます가 접속될 때와 동일하게 어간에 ない를 접속하면 됩니다.

● 상1단·하1단, 변격동사 ~ない　~하지 않다

상1단 · 하1단동사의 부정형은 ます가 접속될 때와 마찬가지로 어미 る가 탈락되고 부정어 ない가 접속합니다. 변격동사 くる는 こない로, する는 しない로 각기 어간과 어미가 변합니다.

기본형	의 미	부정형	의 미
起(お)きる	일어나다	起きない	일어나지 않다
食(た)べる	먹다	食べない	먹지 않다
来(く)る	오다	こない	오지 않다
する	하다	しない	하지 않다

あなたは テレビの ニュースも 見ないんですか。
아나따와 테레비노 뉴－스모 미나인데스까
당신은 텔레비전 뉴스도 보지 않습니까?

朝ご飯を 食べない 人も います。
아사고항오 다베나이 히또모 이마스
아침밥을 먹지 않는 사람도 있습니다.

わたしは なかなか 運動を しない。
와따시와 나까나까 운도－오 시나이
나는 좀처럼 운동을 하지 않는다.

木村さんは 病気で 会社へ 来ないでしょう。
기무라상와 뵤－끼데 카이샤에 고나이데쇼－
기무라 씨는 아파서 회사에 오지 않을 것입니다.

Word . . . .

運動(うんどう) 운동　**病気(びょうき)** 병, 아픔　**会社(かいしゃ)** 회사

A 金田さんは どうして 学校に 来ないんですか。
가네다상와 도-시떼 각꼬-니 고나인데스까

B そうですね。私も どうして 来ないか よく 分かりません。
소-데스네   와따시모 도-시떼 고나이까 요꾸 와까리마셍

A 金田さんに 電話してみましょうか。
가네다산니 뎅와시떼 미마쇼-까

B さあ、電話は しない ほうが いいと 思いますが。
사-   뎅와와 시나이 호-가 이-또 오모이마스가

A 가네다 씨는 왜 학교에 오지 않는 거예요?

B 글쎄요. 저도 왜 안 오는지 잘 모르겠습니다.

A 가네다 씨에게 전화 해볼까요?

B 글쎄, 전화는 안 하는 게 좋을 것 같은데요.

どうして	왜, 어째서
分(わ)かる	알다, 알 수 있다
電話(でんわ)	전화
~と思(おも)う	~라고 생각하다

Pattern Drill

★ 보기처럼 주어진 말을 우리말 뜻에 맞게 문장을 바꿔보세요.

보기

忙しくて朝ご飯は食べません。　　　바빠서 아침밥을 먹지 않습니다.

→ 忙しくて朝ご飯は食べない。　　　바빠서 아침밥을 먹지 않는다.

① 今日はどこへも出かけません。　→ _____。
오늘은 아무 데도 나가지 않는다.

② 寒くて窓を開けません。　→ _____。
추워서 창문을 열지 않는다.

③ うちへ帰ってシャワーを浴びません。　→ _____。
집에 돌아와서 샤워를 하지 않는다.

会話ノート

동물과 가축 (2)

キリン [키링] 기린

かば [카바] 하마

シマウマ [시마우마] 얼룩말

ヒョウ [효-] 표범

ワニ [와니] 악어

おおかみ [오-카미] 늑대

ゴリラ [고리라] 고릴라

さる [사루] 원숭이

カメ [카메] 거북

へび [헤비] 뱀

ウサギ [우사기] 토끼

かえる [가에루] 개구리

ねずみ [네즈미] 생쥐

いぬ_犬 [이누] 개

ねこ_猫 [네꼬] 고양이

とら [토라] 호랑이

くま [쿠마] 곰

きつね [기쯔네] 여우

しか [시까] 사슴

ラクダ [라쿠다] 낙타

ダチョウ [다쬬-] 타조

リス [리스] 다람쥐

インパラ [임파라] 임팔라

Part
15

부정어 ない의
여러 패턴 익히기

활용어에 접속하여 부정의 뜻을 나타내는 ない는 형
용사 ない(없다)와 동일하게 활용을 합니다. 여기서는
ない에 관련된 금지·충고·당연·허용 등의 여러 가지 표
현 문형을 익힙니다.

부정어 ない의 활용

고 나 깟 따 도 - 이 우 고 또 데 스 까
来なかった? どういう ことですか。
안 왔다고요?　　　　　　무슨　　　　　　일이에요?

🔊 활용어에 접속하여 부정의 뜻을 나타내는 ない는 형용사와 동일하게 활용을 합니다.

● 부정어 ~ない의 용법

동사에 접속하여 부정형을 만드는 ない도 형용사 ない와 동일하게 활용을 합니다. 즉, ない에 です
를 접속하면 ません과 동일한 의미가 되고, 과거형 なかった에 です를 접속하면 ませんでした와 같
은 의미가 됩니다.

	기본형	과거형	연체형
보통체	~ない	~なかった	~ない
정중체	~ません ~ないです	~ませんでした ~なかったです	×

やす ひ なに
休みの日は 何も しない。
야스미노 히와 나니모 시나이
쉬는 날에는 아무 것도 하지 않는다.

かいしゃ い なに
会社へ 行かない ときは 何を しますか。
카이샤에 이까나이 도끼와 나니오 시마스까
회사에 가지 않을 때는 무엇을 합니까?

きょう こ
あなたは 今日も ここへ 来ないんですか。
아나따와 쿄-모 고꼬에 고나인데스까
당신은 오늘도 여기에 오지 않습니까?

よしむら こ
吉村さんは 来なかったですか。
요시무라상와 고나깟따데스까
요시무라 씨는 오지 않았습니까?

Word ···

休(やす)みの日(ひ) 쉬는날　**会社(かいしゃ)** 회사

A あの 映画、面白かったんですか。
아노 에-가　오모시로깟딴데스까

B ええ、面白かったですよ。まだ 見ていないんですか。
에-　오모시로깟따데스요　마다 미떼 이나인데스까

A はい、きのう 見る つもりでしたが。
하이　기노- 미루 쓰모리데시따가

彼女が 来なかったんです。
가노죠가 고나깟딴데스

B 来なかった? どういう ことですか。
고나깟따　도-이우 고또데스까

まだ
아직

どういう
어떠한, 무슨

こと
일, 것

A 그 영화 재미있었습니까?

B 네, 재미있었어요. 아직 안 보셨어요?

A 네, 어제 볼 생각이었는데, 여자 친구가 안 왔습니다.

B 안 왔다고요? 무슨 일이에요?

Pattern Drill

★ 보기처럼 주어진 말을 우리말 뜻에 맞게 문장을 바꿔보세요.

보기

ゆうべはドラマを見ませんでした。　어젯밤 드라마를 보지 않았습니다.

→ ゆうべはドラマを見なかった。　어젯밤 드라마를 보지 않았다.

① 昨日は何も食べませんでした。　→ _____ 。
어제는 아무 것도 먹지 않았다.

② 日曜日には何もしませんでした。　→ _____ 。
일요일에는 아무 것도 하지 않았다.

③ 昨日は誰も来ませんでした。　→ _____ 。
어제는 아무도 오지 않았다.

219

아 마 리　심 빠이시 나 이 데 구 다 사 이
あまり 心配しないでください。
너무　　　　　　　　걱정하지 마세요.

📢 다른 동작과 연결하여 표현할 때는 동사의 부정형에 で를 접속하여 표현합니다.

● **~ないで** ~하지 말고, ~하지 않고

ないで는 동사의 부정형에 で가 접속한 형태로 「~하지 말고, ~하지 않고」의 뜻으로 다른 동작과 연결될 때 쓰입니다.

ご飯も 食べないで 働いている。
고함모 다베나이데 하따라이떼 이루
밥도 먹지 않고 일하고 있다.

これ 以上 待たないで 帰りましょう。
고레 이죠- 마따나이데 가에리마쇼-
더 이상 기다리지 말고 갑시다.

● **~ないでください** ~하지 마세요

동사의 부정형에 ~でください를 접속한 ~ないでください의 형태는 우리말의 「~하지 마십시오(마세요)」의 뜻으로 금지의 요구를 나타냅니다.

あまり 心配しないでください。
아마리 심빠이시나이데 구다사이
너무 걱정하지 마세요.

展示品に 手を 触れないでください。
덴지힌니 데오 후레나이데 구다사이
전시품에 손을 대지 마세요.

Word ．．．

働(はたら)く 일하다　以上(いじょう) 이상　心配(しんぱい) 걱정　展示品(てんじひん) 전시품　触(ふ)れる 대다, 닿다

생생 토크

A お兄さんは このごろ 何を していますか。
오니-상와 고노고로 나니오 시떼 이마스까

B 兄は 何も しないで 遊んでいます。ちょっと 心配です。
아니와 나니모 시나이데 아손데 이마스　　　　촛또 심빠이데스

A 心配しないでください。
심빠이시나이데 구다사이

すぐ いい お仕事を 見つけますよ。
스구 이- 오시고또오 미쯔께마스요

B でも、勉強も しないで ゲームばかりですよ。
데모　　벵꾜-모 시나이데 게-무바까리데스요

A	형님은 요즘 무엇을 하고 있습니까?
B	형은 아무 것도 안 하고 놀고 있습니다. 조금 걱정이에요.
A	걱정하지 마세요. 곧 좋은 일자리를 찾겠죠.
B	하지만, 공부도 안 하고 게임만 해요.

兄（あに）
형

仕事（しごと）
일

勉強（べんきょう）
공부

ゲーム
게임

~ばかり
~만, 뿐

Pattern Drill

★ 보기처럼 주어진 말을 우리말 뜻에 맞게 문장을 바꿔보세요.

보기

早く来てください。　　　　일찍 오세요.

→ 早く来ないでください。　　일찍 오지 마세요.

① この料理を食べてください。　→ ＿＿＿＿＿＿＿＿＿＿＿＿＿ 。
　　　　　　　　　　　　　　　이 요리를 먹지 마세요.

② 鉛筆で書いてください。　　→ ＿＿＿＿＿＿＿＿＿＿＿＿＿ 。
　　　　　　　　　　　　　　　연필로 적지 마세요.

③ この部屋に入ってください。　→ ＿＿＿＿＿＿＿＿＿＿＿＿＿ 。
　　　　　　　　　　　　　　　이 방에 들어오지 마세요.

221

부정형의 접속 표현 (2)

줏 또 아메 가 후 라 나 꾸 떼 고맛 떼 이 마 스
ずっと 雨が 降らなくて 困っています。

계속　　 비가　　　 안 와서　　　　　　 걱정입니다.

📢 부정의 뜻을 나타내는 ない에 접속조사 て를 이으면 원인이나 이유를 나타냅니다.

● **~なくて** ~지 않아서

부정형에 접속조사 て가 이어진 ~なくて는 「~지 않아서」의 뜻으로 원인이나 이유를 나타냅니다.

結婚した ころは、お金が なくて 苦労した。
겍꼰시따 고로와　　　　　 오까네가 나꾸떼 구로−시따
결혼했을 무렵에는 돈이 없어서 고생했다.

子供の 体が 丈夫でなくて 大変だ。
고도모노 가라다가 죠−부데 나꾸떼 다이헨다
아이 몸이 튼튼하지 않아서 큰일이다.

ここは 駅から 遠くなくて いいです。
고꼬와 에끼까라 도−꾸 나꾸떼 이−데스
여기는 역에서 멀지 않아서 좋습니다.

長い 間、雨が 降らなくて 地面が 乾いています。
나가이 아이다, 아메가 후라나꾸떼 지멩가 카와이떼 이마스
오랫동안 비가 내리지 않아서 땅이 말라 있습니다.

● **~です의 동사 대용**

일본어에서 단정을 나타내는 です는 동사를 대신하는 역할. 즉, 雨です는 雨が 降ります(비가 내립니다)를 줄여서 표현한 것입니다.

朝も パンですか。(＝朝も パンを 食べますか。)
아사모 판데스까　　　　　　 아사모 팡오 다베마스까
아침에도 빵을 먹습니까?

Word

結婚(けっこん)する 결혼하다　　**お金(かね)** 돈　　**苦労(くろう)する** 고생하다
丈夫(じょうぶ)だ 튼튼하다　　**大変(たいへん)だ** 큰일이다, 힘들다　　**遠(とお)い** 멀다

A まだ 朝_{あさ}は パンですか。心配_{しんぱい}ですよ。
마다 아사와 판데스까   심빠이데스요

B でも、忙_{いそが}しいから 仕方_{しかた}ない。
데모   이소가시-까라 시까따나이

最近_{さいきん}、うまく 行_いってる?
사이낑   우마꾸 잇떼루

A ここは ずっと 雨_{あめ}が 降_ふらなくて 困_{こま}っています。
고꼬와 즛또 아메가 후라나꾸떼 고맛떼 이마스

B そう。心配_{しんぱい}だね。ここは 毎日_{まいにち} 雨_{あめ}だよ。
소-   심빠이다네   고꼬와 마이니찌 아메다요

A 아직도 아침에 빵을 드세요? 걱정되네요.

B 그런데, 바빠서 어쩔 수 없어.

   요즘 잘되가?

A 여기는 계속 비가 안 와서 걱정입니다.

B 그래? 걱정이네. 여기는 매일 비가 와.

忙(いそが)しい
바쁘다

仕方(しかた)ない
방법이 없다,
어쩔 수 없다

うまい
잘하다

ずっと
계속, 쭉

毎日(まいにち)
매일

Pattern Drill

✱ 보기처럼 주어진 말을 우리말 뜻에 맞게 문장을 완성해보세요.

보기

彼女_{かのじょ}が来_こない / 心配_{しんぱい}だ   그녀가 오지 않다 / 걱정이다

→ 彼女が来_こなくて心配です。   그녀가 오지 않아 걱정입니다.

① まだ帰_{かえ}らない / ここで待_まっている → _____ 。
아직 오지 않아서 여기서 기다리고 있습니다.

② 試験_{しけん}は難_{むずか}しくない / 良_よかった → _____ 。
시험이 어렵지 않아서 다행이었습니다.

③ 私_{わたし}は課長_{かちょう}ではない / 部長_{ぶちょう}だ → _____ 。
나는 과장이 아니고 부장입니다.

04 금지의 충고·조언 표현

다레 니 모 이 와 나 이 호 - 가 이 - 데 쇼 - 네
誰にも 言わない ほうが いいでしょうね。

아무한테도　　　　말하지 않는　　　　게　　　　　　좋겠어요.

📢 동사의 부정형에 ほうがいい를 접속하면 그렇게 하지 않는 게 좋다는 뜻을 나타냅니다.

● **~ない ほうが いい** ~하지 않는 게 좋다

方(ほう)는 방향을 나타내는 것 이외에 다른 것과 비교해서 「~쪽(것)」과 같이 한 쪽을 들어 말할 때 씁니다. 즉, 앞서 배운 바와 같이 동사의 과거형 ほうが いい가 접속하면 그렇게 하는 게 좋겠다는 충고를 나타내지만, 부정형에 접속하면 그렇게 하지 않는 게 좋겠다는 것을 나타냅니다.

こういう 時には あまり 騒がない ほうが いいです。
고-이우 도끼니와 아마리 사와가나이 호-가 이-데스
이럴 때에는 너무 떠들지 않는 게 좋겠습니다.

これから タバコは 吸わない ほうが 体に いいですね。
고레까라 다바꼬와 스와나이 호-가 가라다니 이-데스네
앞으로 담배는 피우지 않는 게 몸에 좋겠군요.

健康の ために これから お酒を 飲まない ほうが いいですね。
겡꼬-노 다메니 고레까라 오사께오 노마나이 호-가 이-데스네
건강을 위해 이제부터 술을 마시지 않는 게 좋겠군요.

こんな 悪い 映画は 見ない ほうが いいですね。
곤나 와루이 에-가와 미나이 호-가 이-데스네
이런 나쁜 영화는 보지 않는 게 좋겠군요.

* 今日は 早く 帰った ほうが いいですね。
쿄-와 하야꾸 가엣따 호-가 이-데스네
오늘은 일찍 가는 게 좋겠군요.

Word ··

騒(さわ)ぐ 떠들다　　**タバコ** 담배　　**吸(す)う** (담배를) 피우다, 흡입하다　　**健康(けんこう)** 건강
悪(わる)い 나쁘다, 좋지 않다

A　そのことは 誰にも 言わない ほうが いいでしょうね。
だれ　　　い
소노 고또와 다레니모 이와나이 호-가 이-데쇼-네

B　はい、分かりました。絶対 言いません。
わ　　　　　　　　ぜったい　い
하이　와까리마시다　　　　젯따이 이이마셍

A　でも、高橋さんには 言った ほうが いいかな。
たかはし　　　　い
데모　다까하시산니와 잇따 호-가 이-까나

B　いいえ、誰にも 話さない ほうが いいと 思いますよ。
だれ　　はな　　　　　　　　おも
이-에　다레니모 하나사나이 호-가 이-또 오모이마스요

A　그거는 아무한테도 말하지 않는 게 좋겠어요.

B　네. 알겠습니다. 절대 말하지 않을게요.

A　그런데, 다카하시 씨한테는 말하는 게 좋을까?

B　아니오. 아무한테도 말하지 않는 게 좋을 거라고 생각해요.

> 絶対
> （ぜったい）
> 절대
>
> ～かな
> 가벼운 의문

Pattern Drill

★ 보기처럼 주어진 말을 우리말 뜻에 맞게 문장을 바꿔보세요.

　　　　　　　　　　　　　　　　　　　　　　　　　보기

　タバコを吸わないでください。　　　담배를 피우지 마세요.
　　　　す
→ タバコを吸わないほうがいいですね。　담배를 피우지 않는 게 좋겠군요.

① あまり食べすぎないでください。　→ _____ 。
　　　　た　　　　　　　　　　　　　　너무 과식하지 않는 게 좋겠군요.

② 高い山は登らないでください。　→ _____ 。
　　たか やま のぼ　　　　　　　　　　높은 산에 오르지 않는 게 좋겠군요.

③ これから何も考えないでください。　→ _____ 。
　　　　　なに かんが　　　　　　　　　이제부터 아무것도 생각하지 않는 게 좋겠군요.

> 지 히쯔 데 가 까 나 꾸떼 와 이 께 마 셍
> # 自筆で 書かなくては いけません。
> 자필로   쓰지 않으면   안 됩니다.
>
> 🔊 동사의 て형에 いけない를 접속하면 주관적인 금지의 표현이 됩니다.

● ~ては いけない ~해서는 안 된다

~ては いけない는 「~해서는 안 된다」의 뜻으로 금지를 나타냅니다. いけない의 정중형은 いけません입니다. 또, いけない는 주관적인 금지를 나타낼 때 쓰이지만, ならない(なりません)는 객관적인 금지를 나타낼 때 쓰입니다. 그밖에 だめだ(だめです)를 쓰는 경우도 있습니다.

ここで タバコを 吸っては いけない。
고꼬데 다바꼬오 슷떼와 이께나이
여기서 담배를 피워서는 안 된다.

これから お酒を 飲んでは いけません。
고레까라 오사께오 논데와 이께마셍
이제부터 술을 마셔서는 안 됩니다.

● ~なくては いけない ~하지 않으면 안 된다

~なくては いけない는 「~지 않으면 안 된다, ~해야 한다」의 표현으로 그렇게 할 의무나 필요가 있다고 말할 때 쓰입니다. いけない 대신에 ならない나 だめだ가 쓰이기도 한다. 또, 구어체에서 なくては를 なくちゃ로 줄여서 쓰기도 합니다.

家族の ために 働かなくては ならない。
가조꾸노 다메니 하따라까나꾸떼와 나라나이
가족을 위해서 일하지 않으면 안 된다.

今日から 試験の 勉強を しなくては なりません。
쿄-까라 시껜노 벵꾜-오 시나꾸떼와 나리마셍
오늘부터 시험 공부를 하지 않으면 안 됩니다.

Word ··

これから 이제부터   お酒(さけ) 술   家族(かぞく) 가족   働(はたら)く 일하다
試験(しけん) 시험

A 履歴書は ワープロで 書いては いけませんか。
리레끼쇼와 와-프로데 가이떼와 이께마셍까

B はい、自筆で 書かなくては いけません。
하이　　　　지히쯔데 가까나꾸떼와 이께마셍

A あ、大変ですね。
아　　다이헨데스네

これが 書き終わったら 飲みに 行きますか。
고레가 가끼오왓따라 노미니 이끼마스까

B ごめんなさい。
고멘나사이

最近薬を 飲んでいて、お酒を 飲んでは いけません。
사이낑 구스리오 논데 이떼　　　　오사께오 논데와 이께마셍

A 이력서는 워드프로세서로 작성해서는 안 됩니까?

B 네. 자필로 써야 합니다.

A 아, 큰일이네요. 이거 다 쓰면 한잔하러 갑니까?

B 죄송합니다.

　요즘 약을 먹고 있어서 술은 마시면 안 됩니다.

履歴書 (りれきしょ)
이력서

ワープロ
워드프로세서

自筆 (じひつ)
자필

大変 (たいへん)だ
힘들다

書き終わる (かきおわる)
다 쓰다

Pattern Drill

✦ 보기처럼 주어진 말을 우리말 뜻에 맞게 문장을 바꿔보세요.

보기

ボールペンで書かない　　　　　　볼펜으로 쓰지 않다
→ ボールペンで書かなくてはいけません。　볼펜으로 쓰지 않으면 안 됩니다.

① 人間はご飯を食べない　　→ ＿＿＿＿＿＿＿＿＿＿＿＿＿＿ 。
　　　　　　　　　　　　　　인간은 밥을 먹지 않으면 안 됩니다.

② 学生は勉強しない　　　　→ ＿＿＿＿＿＿＿＿＿＿＿＿＿＿ 。
　　　　　　　　　　　　　　학생은 공부하지 않으면 안 됩니다.

③ 会社員は働かない　　　　→ ＿＿＿＿＿＿＿＿＿＿＿＿＿＿ 。
　　　　　　　　　　　　　　회사원은 일하지 않으면 안 됩니다.

무 리 시 떼 고 나 꾸 떼 모 이 - 데 스
無理して 来なくても いいです。
무리해서　　　　오지 않아도　　　　됩니다.

📢 활용어의 부정형에 ~ても いい 접속하면 그렇게 할 필요가 없다는 뜻을 나타냅니다.

● ~なくても いい　~지 않아도 된다

활용어의 부정형에 ~ても いい가 접속하면 그렇게 할 필요가 없다는 뜻을 나타냅니다. 뒤에 허용을 나타내는 いい는 かまわない(상관없다), 大丈夫(だいじょうぶ)だ(괜찮다)로 바꾸어 말할 수 있습니다.

そんなに 急(いそ)がなくても いいです。
손나니 이소가나꾸떼모 이-데스
그렇게 서두르지 않아도 됩니다.

あしたは 朝早(あさはや)く 来(こ)なくても いいです。
아시따와 아사하야꾸 고나꾸떼모 이-데스
내일은 아침 일찍 오지 않아도 됩니다.

家賃(やちん)は それほど 安(やす)くなくても いいです。
야찡와 소레호도 야스꾸나꾸떼모 이-데스
집세는 그다지 싸지 않아도 됩니다.

たまには 運動(うんどう)しなさい。毎日(まいにち)でなくても かまわない。
다마니와 운도시나사이　　　　마이니찌데 나꾸떼모 가마와나이
가끔은 운동하거라. 매일이 아니어도 상관없다.

これから 心配(しんぱい)しなくても 大丈夫(だいじょうぶ)です。
고레까라 심빠이시나꾸떼모 다이죠-부데스
이제부터 걱정하지 않아도 괜찮습니다.

Word ··

急(いそ)ぐ 서두르다　朝早(あさはや)く 아침 일찍　家賃(やちん) 집세　それほど 그 정
도, 그다지　運動(うんどう) 운동

A せっかくですが、あすは 時間が ありません。

섹까꾸데스가　　　　　아스와 지깡가 아리마셍

B 仕事が 忙しい 場合は、無理して 来なくても いいです。

시고또가 이소가시- 바아이와　　　무리시떼 고나꾸떼모 이-데스

A 来週の 金曜日は いかがですか。

라이슈-노 깅요-비와 이까가데스까

B 大丈夫ですが、

다이죠-부데스가

そんなに 気に しなくても いいですよ。

손나니 기니 시나꾸떼모 이-데스요

せっかく	모처럼
場合(ばあい)	경우
無理(むり)する	무리하다
そんなに	그렇게
気(き)にする	걱정하다, 신경을 쓰다

A 모처럼인데, 내일은 시간이 없습니다.

B 일이 바쁠 경우에는 무리해서 오지 않아도 됩니다.

A 다음 주 금요일은 어떠십니까?

B 괜찮습니다만,

　그렇게 신경 쓰지 않아도 돼요.

Pattern Drill

✱ 보기처럼 주어진 말을 우리말 뜻에 맞게 문장을 바꿔보세요.

もう心配しない　　　　　　　　이제 걱정하지 않다

→ もう心配しなくてもいいです。　이제 걱정하지 않아도 됩니다.

① そんなに無理しない → _____ 。
　　　　　　　　　　　　그렇게 무리하지 않아도 됩니다.

② お金を払わない → _____ 。
　　　　　　　　　　돈을 내지 않아도 됩니다.

③ 朝早く起きない → _____ 。
　　　　　　　　　아침 일찍 일어나지 않아도 됩니다.

수업과 문구

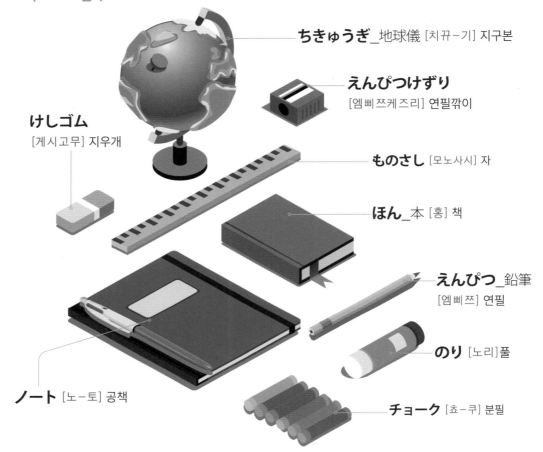

ちきゅうぎ_地球儀 [치뀨-기] 지구본

えんぴつけずり
[엠삐쯔케즈리] 연필깎이

けしゴム
[게시고무] 지우개

ものさし [모노사시] 자

ほん_本 [홍] 책

えんぴつ_鉛筆
[엠삐쯔] 연필

のり [노리] 풀

ノート [노-토] 공책

チョーク [쵸-쿠] 분필

ちず_地図 [치즈] 지도	**れきし**_歴史 [레끼시] 역사
こよみ_暦 [코요미] 달력	**びじゅつ**_美術 [비쥬쯔] 미술
ふでばこ_筆箱 [후데바고] 필통	**おんがく**_音楽 [옹가꾸] 음악
かみ_紙 [카미] 종이	**かがく**_科学 [카가꾸] 과학
こくご_国語 [코꾸고] 국어	**たいいく**_体育 [타이이꾸] 체육
えいご_英語 [에-고] 영어	**えのぐ**_絵具 [에노구] 그림물감
すうがく_数学 [스-가꾸] 수학	**きょうかしょ**_教科書 [쿄-까쇼] 교과서

부록

주요 품사별
기초 일본어 단어

명사 名詞

□ あき 秋 가을

□ あいさつ(する) 挨拶(する) 인사(하다)

□ あいだ 間 사이, 공간, 틈

□ あお 青 파랑, 푸른색

□ あかちゃん 赤ちゃん 아기

□ あかんぼう 赤ん坊 갓난아이, 갓난애

□ アクセサリー 액세서리

□ あさ 朝 아침

□ あじ 味 맛

□ あし 足 다리, 발

□ アジア 아시아

□ あした 明日 내일

□ あす 明日 내일

□ あそび 遊び 놀이

□ あたま 頭 머리

□ あと 後 ① (어떤 기준 시간부터) 이후 ② 뒤

□ アナウンサー 아나운서

□ あに 兄 형, 오빠

□ あね 姉 언니, 누나

□ アパート 아파트

□ あめ 雨 비

□ あめ 飴 엿

□ アルコール 알코올, 술

□ アルバイト 아르바이트

□ あんしん(する) 安心(する) 안심(하다)

□ あんぜん 安全 안전

□ あんない(する) 案内(する) 안내(하다)

□ いえ 家 집

□ いか 以下 이하

□ いがい 意外 의외, 생각 밖, 뜻밖, 예상 밖

□ いがく 医学 의학

□ いくつ ① 몇, 몇 개 ② 몇 살

□ いくら 얼마

□ いけん 意見 의견

□ いし 石 돌

□ いしゃ 医者 의사

□ いじょう 以上 이상

□ いす 椅子 의자

□ いちど 一度 한 번

□ いちにち 一日 하루

□ いつか 五日 5일

□ いつつ 五つ ① 다섯 ② 다섯 살

□ いと 糸 실

□ いない 以内 이내

□ いなか 田舎 시골

□ いぬ 犬 개

□ いま 今 지금, 현재

□ いみ 意味 의미, 뜻, 내용

□ いもうと(さん) 妹(さん) 여동생

□ いりぐち 入口 ① 입구 ② 일의 시작, 첫머리

□ いろ 色 색, 빛깔

□ うえ 上 ① 위, 높은 곳 ② 바깥, 표면

□ うけつけ 受付 접수처, 접수

□ うそ 嘘 거짓(말)

□ うた 歌 노래

- うち 안, 가운데
- うち 家 집
- うで 腕 팔
- うみ 海 바다
- うら 裏 ① 반대쪽, 이면 ② 뒤
- うりば 売場 파는 곳, 매장, 매표소
- うわぎ 上着 상의
- うんてん(する) 運転(する) 운전(하다)
- うんてんしゅう 運転手 운전수
- うんどう(する) 運動(する) 운동(하다)
- え 絵 그림
- えいが 映画 영화
- えいがかん 映画館 영화관, 극장
- えいご 英語 영어
- えき 駅 역, 정거장
- エスカレーター 에스컬레이터
- えだ 枝 ① 가지 ② 갈라져 나온 것
- エレベーター 엘리베이터, 승강기
- えん 円 엔, 일본 화폐의 기본단위
- えんぴつ 鉛筆 연필
- えんりょ(する) 遠慮(する) 원려, 사양(하다)
- おいわい お祝い 축하
- おおぜい 大勢 많은 사람 *부사적으로도 쓰임
- オートバイ 오토바이
- おかあさん お母さん 어머니
- おかげ お陰 덕분, 덕택
- おかし お菓子 과자
- おかね お金 돈

- (お)かねもち (お)金持ち 부자, 재산가
- おく 億 억
- おくさん 奥さん 남의 아내를 부르는 말, 부인
- おくじょう 屋上 옥상
- おくりもの 贈り物 선물
- おさけ お酒 술
- おさら お皿 접시
- おじ 叔(伯)父 ① 아저씨 ② 백부, 숙부
- おじいさん お爺さん 할아버지
- おしいれ 押し入れ 벽장
- おたく お宅 댁
- おちゃ お茶 차
- おっと 夫 남편
- おつり お釣り 거스름돈
- おてあらい お手洗い 화장실
- おと 音 소리
- おとうさん お父さん 아버지
- おとこ 男 남자
- おとこのこ 男の子 남자아이
- おととい 一昨日 그저께
- おととし 一昨年 재작년
- おどり 踊り 춤
- おにいさん お兄さん (다른 사람의) 형, 오빠
- おねえさん お姉さん (다른 사람의) 누나, 언니
- おば 伯母(叔母) 큰어머니, 작은어머니
- おばあさん お祖母さん 할머니
- おばさん 伯母(叔母)さん 아주머니, 남의 부인을 부르는 말, 큰어머니, 작은어머니

▫ おふろ お風呂 목욕

▫ おべんとう お弁当 도시락

▫ おまつり お祭り 축제

▫ おまわりさん お巡りさん 순경

▫ おみまい お見舞い 병문안

▫ おみやげ お土産 선물

▫ おもちゃ 玩具 장난감

▫ おもて 表 ① 앞면, 겉, 표면 ② 겉보기

▫ おれい お礼 예의

▫ おわり 終わり 끝, 종말

▫ おんがく 音楽 음악

▫ おんな 女 여자, 여성

▫ おんなのこ 女の子 계집애

▫ カーテン 커튼

▫ かいがん 海岸 해안

▫ かいぎ 会議 회의

▫ かいぎしつ 会議室 회의실

▫ がいこく 外国 외국

▫ がいこくじん 外国人 외국인

▫ かいしゃ 会社 회사

▫ かいだん 階段 계단

▫ かいもの 買い物 쇼핑, 산 물건

▫ かいわ 会話 회화, 대화

▫ かえり 帰り 돌아감, 돌아옴

▫ かお 顔 얼굴

▫ かがく 科学 과학

▫ かがみ 鏡 거울

▫ かぎ 鍵 열쇠 또는 자물쇠

▫ がくせい 学生 학생

▫ かさ 傘 우산

▫ かじ 火事 화재

▫ ガス 가스

▫ かぜ 風邪 감기

▫ かぜ 風 바람

▫ かぞく 家族 가족

▫ ガソリン 가솔린, 휘발유

▫ ガソリンスタンド 주유소

▫ かた 方 사람을 존경해서 하는 말, 분

▫ かた 方 수단 방법, ~하는 방법

▫ かたち 形 ① 물체의 형태 ② 사물의 형식

▫ かちょう 課長 과장

▫ かっこう 格好 모양, 꼴

▫ がっこう 学校 학교

▫ カップ 컵 *손잡이가 달린 찻종

▫ かてい 家庭 가정

▫ かど 角 ① 뿔 ② 길의 모퉁이 ③ 모난 것

▫ かない 家内 가내 ① 집안 ② 자기 아내

▫ かばん 鞄 가방

▫ かびん 花瓶 꽃병

▫ かべ 壁 벽

▫ かみ 紙 종이

▫ かみ 髪 머리카락

▫ カメラ 카메라, 사진기

▫ かようび 火曜日 화요일

▫ ガラス 硝子 글라스, 유리

▫ からだ 体 몸, 신체

- カレー 카레
- カレンダー 캘린더, 달력
- かわ 川(河) 강, 내, 시내
- かわり(に) 代り(に) 대신(에)
- かんけい 関係 관계
- かんごふ 看護婦 간호사
- かんじ 漢字 한자
- き 木 나무
- き 気 ① 기운 ② 숨, 호흡 ③ 마음, 정신
- きいろ 黄色 노랑, 황색
- きかい 機械 기계
- きかい 機会 기회
- きしゃ 汽車 기차
- ぎじゅつ 技術 기술
- きせつ 季節 계절
- きそく 規則 규칙
- きた 北 북, 북쪽
- ギター 기타
- きっさてん 喫茶店 다방
- きって 切手 표
- きっぷ 切符 표, 입장권
- きぬ 絹 명주, 비단, 견직물
- きのう 機能 기능
- きぶん 気分 기분
- きみ 君 너, 자네
- きもち 気持ち ① 감정, 기분 ② 생각
- きゃく 客 손님 *お客さん
- きゅうこう 急行 급행

- ぎゅうにく 牛肉 소고기
- ぎゅうにゅう 牛乳 우유
- きょう 今日 오늘
- きょういく 教育 교육
- きょうかい 教会 교회
- きょうしつ 教室 교실
- きょうそう(する) 競争(する) 경쟁(하다)
- きょうだい 兄弟 형제
- きょうみ 興味 흥미
- きょねん 去年 지난해, 작년
- キロ(グラム) 킬로(킬로그램)
- キロ(メートル) 킬로(킬로미터)
- ぎんこう 銀行 은행
- きんじょ 近所 가까운 곳, 근처, 부근
- きんようび 金曜日 금요일
- ぐあい 具合 ① 짜임새, 모양, 상태 ② 사정, 형편 ③ 건강 상태, 몸의 상태
- くうき 空気 공기
- くうこう 空港 공항
- くさ 草 풀
- くすり 薬 약
- くだもの 果物 과일
- くち 口 ① 입 ② 말, 말씨
- くつ 靴 구두, 신
- くつした 靴下 양말
- くに 国 ① 국가, 국토 ② 출생지, 고향
- くび 首 목
- くも 雲 구름

- くらい 位 지위, 계급, 등급
- クラス 클래스 ① 계급 ② 학급 ③ 등급
- くるま 車 차
- くろ 黒 검은 색
- け 毛 양모
- け 毛 털, 머리털
- けいかく(する) 計画(する) 계획(하다)
- けいかん 警官 경관, 경찰관
- けいけん(する) 経験(する) 경험(하다)
- けいざい 経済 경제
- けいさつ 警察 경찰
- ケーキ 케이크
- けが(する) 怪我(する) 상처(입다), 다치다
- けさ 今朝 오늘 아침
- けしき 景色 경치, 풍경
- けしゴム 消ゴム 지우개
- げしゅく(する) 下宿(する) 하숙(하다)
- けっこん(する) 結婚(する) 결혼(하다)
- げつようび 月曜日 월요일
- けん 県 현, 일본 지방 행정 구역의 하나
- げんいん 原因 원인
- けんか(する) 喧嘩(する) 싸움(싸우다)
- げんかん 玄関 현관
- けんきゅう(する) 研究(する) 연구(하다)
- けんきゅうしつ 研究室 연구실
- けんぶつ(する) 見物(する) 구경(하다)
- こ 子 ① 자식 ② 어린 아이, 아이
- こうえん 公園 공원
- こうがい 郊外 교외
- こうぎょう 工業 공업
- こうこう 高校 고교, 고등학교 *高等学校
- こうこうせい 高校生 고교생, 고등학생
- こうさてん 交差点 교차점
- こうじょう 工場 공장
- こうちゃ 紅茶 홍차
- こうちょう 校長 교장
- こうつう 交通 교통
- こうどう 講堂 강당
- こうばん 交番 파출소
- こうむいん 公務員 공무원
- こえ 声 소리, 말소리
- コート 코트, 외투
- コーヒー 커피
- こくさい 国際 국제
- ごご 午後 오후
- ここのか 九日 9일
- ここのつ 九つ 아홉
- こころ 心 ① 마음 ② 진심, 정성
- (ご)しゅじん (ご)主人 주인, 남편
- こしょう(する) 故障(する) 고장(나다)
- ごぜん 午前 오전
- ごぞんじ ご存じ 알고 있음의 높임말
- こたえ 答え 대답, 응답
- ごちそう 御馳走 맛이 있는 음식, 또 그러한 음식으로 특별히 대접함
- コップ 컵, 잔

▫ こと 事 ① 일, 사태 ② 행위 ③ 사건

▫ ことし 今年 금년, 올해

▫ ことば 言葉 말, 언어, 단어

▫ こども 子供 ① 자기의 자식 ② 아이들

▫ このあいだ この 間 요사이, 지난 날

▫ このごろ この 頃 근래, 요즈음

▫ ごはん 御飯 밥

▫ コピー 카피, 복사, 사본

▫ ごみ 쓰레기, 먼지, 티끌

▫ こめ 米 쌀

▫ ころ(ごろ) 頃 ① 경, 즈음 ② 시절

▫ こんげつ 今月 이번 달, 금월

▫ コンサート 콘서트

▫ こんしゅう 今週 이번 주, 금주

▫ こんど 今度 이번

▫ こんな 이러한, 이 정도의

▫ こんばん 今晩 오늘 밤

▫ コンピュータ(ー) 컴퓨터

▫ こんや 今夜 오늘밤

▫ さいきん 最近 최근, 요즘

▫ さいご 最後 최후, 맨 뒤, 마지막

▫ さいしょ 最初 최초, 맨 처음

▫ さいふ 財布 지갑

▫ さか 坂 고개, 비탈진 곳

▫ さかな 魚 물고기, 어류

▫ さき 先 ① 앞 ② 끝 ③ 앞날 ④ 먼저

▫ さくぶん 作文 작문

▫ さっき 先 먼저, 아까

▫ ざっし 雑誌 잡지

▫ さとう 砂糖 설탕

▫ さらいげつ 再来月 다음다음 달

▫ さらいしゅう 再来週 다음다음 주

▫ さらいねん 再来年 내후년

▫ サラダ 샐러드

▫ さんぎょう 産業 산업

▫ サンダル 샌들

▫ サンドイッチ 샌드위치

▫ さんぽ(する) 散歩(する) 산책(하다)

▫ し 市 ① 시 ② 시가, 도시

▫ じ 字 글자

▫ しあい 試合 시합

▫ しお 塩 소금

▫ しかた 仕方 ① 방법, 방식 ② 행동

▫ じかん 時間 시간

▫ しけん 試験 시험

▫ じこ 事故 사고

▫ しごと 仕事 일, 작업

▫ じしょ 辞書 사전

▫ じしん 地震 지진

▫ した 下 아래, 밑

▫ じだい 時代 시대

▫ したぎ 下着 속옷

▫ したく(する) 支度(する) 준비(하다)'8

▫ しっぱい(する) 失敗(する) 실패(하다)

▫ しつもん 質問 질문

▫ しつれい(する) 失礼(する) 실례(하다)

237

- じてん 辞典 사전
- じてんしゃ 自転車 자전거
- じどうしゃ 自動車 자동차
- しなもの 品物 물건, 물품, 상품
- じびき 字引 옥편, 사전
- じぶん 自分 자신, 자기
- しま 島 섬
- しみん 市民 시민
- じむしょ 事務所 사무소, 사무실
- しゃかい 社会 사회
- しゃしん 写真 사진
- しゃちょう 社長 사장
- シャツ 셔츠
- じゃま 邪魔 방해, 장애
- ジャム 잼
- シャワー 샤워
- じゆう 自由 자유
- しゅうかん 習慣 습관
- じゅうしょ 住所 주소
- じゅうどう 柔道 유도
- じゅぎょう 授業 수업
- しゅくだい 宿題 숙제
- しゅっせき(する) 出席(する) 출석(하다)
- しゅっぱつ(する) 出発(する) 출발(하다)
- しゅみ 趣味 취미
- じゅんび(する) 準備(する) 준비(하다)
- しょうかい(する) 紹介(する) 소개(하다)
- しょうがつ 正月 정월, 설

- しょうがっこう 小学校 초등학교
- しょうせつ 小説 소설
- しょうたい(する) 招待(する) 초대(하다)
- しょうち(する) 承知(する) ① 요구 따위를 들어줌 ② 알고 있음
- しょうゆ 醤油 간장
- しょうらい 将来 장래, 앞날
- しょくじ(する) 食事(する) 식사(하다)
- しょくどう 食堂 식당
- しょくりょうひん 食料品 식료품
- じょせい 女性 여성
- しろ 白 흰색
- じんこう 人口 인구
- じんじゃ 神社 신사, 신을 모신 건물
- しんせつ 親切 친절
- しんぱい(する) 心配(する) 걱정(하다)
- しんぶん 新聞 신문
- しんぶんしゃ 新聞社 신문사
- すいえい 水泳 수영
- すいどう 水道 수도
- すうがく 数学 수학
- スーツ 슈트, 양복
- スーツケース 슈트케이스, 여행용 가방
- スーパー(マッケト) 슈퍼(마켓)
- スカート 스커트, 치마
- スクリーン 스크린
- ステーキ 스테이크
- ステレオ 스테레오, 입체

□ ストーブ 스토브, 난로

□ すな 砂 모래

□ スプーン 스푼, 숟가락

□ スポーツ 스포츠, 운동

□ ズボン 바지

□ すみ 隅 모퉁이

□ スリッパ 슬리퍼

□ すり 소매치기

□ せ(せい) 背 키, 신장

□ せいかつ(する) 生活(する) 생활(하다)

□ せいさん(する) 生産(する) 생산(하다)

□ せいじ 政治 정치

□ せいと 生徒 중·고등학교 학생

□ せいよう 西洋 서양

□ セーター 스웨터

□ せかい 世界 세계

□ せき 席 ① 자리 ② 좌석

□ せっけん 石けん 비누

□ せつめい 説明 설명

□ せなか 背中 ① 등 ② 등 뒤, 뒤쪽

□ せびろ 背広 양복

□ ゼロ 제로, 영

□ せわ(する) 世話(する) 남을 도와주는 일

□ せん 線 선

□ せん 千 천

□ せんげつ 先月 지난달, 전월

□ せんしゅう 先週 지난 주, 전주

□ せんせい 先生 선생, 선생님

□ せんそう(する) 戦争(する) 전쟁(하다)

□ せんたく(する) 洗濯(する) 세탁(하다)

□ せんぱい 先輩 선배

□ ぜんぶ 全部 전부

□ せんもん 専門 전문

□ そうじ(する) 掃除(する) 청소(하다)

□ そうだん(する) 相談(する) 상담(하다)

□ そつぎょう(する) 卒業(する) 졸업(하다)

□ そと 外 바깥

□ そば 側 옆, 곁

□ そふ 祖父 조부, 할아버지

□ ソフト 소프트

□ そぼ 祖母 조모, 할머니

□ そら 空 하늘

□ たいいん(する) 退院(する) 퇴원(하다)

□ だいがく 大学 대학

□ だいがくせい 大学生 대학생

□ たいしかん 大使館 대사관

□ だいどころ 台所 부엌

□ たいふう 台風 태풍

□ タイプ 타이프

□ タクシー 택시

□ たたみ 畳 다다미

□ たて 縦 세로

□ たてもの 建物 건물

□ たどうし 他動詞 타동사

□ たな 棚 선반

□ たのしみ 楽しみ 즐거움, 쾌락

- たべもの 食べ物 먹을 것, 음식
- たまご 卵 ① 새 등의 알 ② 달걀
- ため 為 ① 위함, 유리함, 이익
- たんじょうび 誕生日 생일
- だんせい 男性 남자
- だんぼう 暖房 난방
- ち 血 ① 피 ② 핏줄, 혈통
- チェック(する) 체크(하다)
- ちかく 近く 가까운 곳, 근처
- ちかてつ 地下鉄 지하철
- ちから 力 힘
- ちず 地図 지도
- ちち 父 아버지
- ちゃいろ 茶色 갈색
- ちゃわん 茶碗 찻잔, 밥공기
- ちゅうい(する) 注意(する) 주의(하다)
- ちゅうがっこう 中学校 중학교
- ちゅうし(する) 中止(する) 중지(하다)
- ちゅうしゃじょう 駐車場 주차장
- ちり 地理 지리
- ついたち 一日 초하루, 1일
- つき 月 ① 한 달, 월 ② 달
- つぎ 次 다음, 버금
- つくえ 机 책상
- つごう 都合 형편, 사정
- つま 妻 처, 아내
- つもり 생각, 작정, 의도
- て 手 손

- ていねい 丁寧 정중함, 공손함
- テープ 테이프
- テーブル 테이블
- テープレコーダー 녹음기
- てがみ 手紙 편지
- テキスト 텍스트, 교과서
- でぐち 出口 출구
- テスト 테스트, 시험
- テニス 테니스
- デパート 백화점
- では 그렇다면, 그럼
- てぶくろ 手袋 장갑
- てら 寺 절, 사원
- テレビ 텔레비전
- てん 点 점
- てんいん 店員 점원
- でんき 電気 전기
- てんき 天気 날씨
- てんきよほう 天気予報 일기예보
- でんしゃ 電車 전차
- でんとう 電灯 전등, 전깃불
- でんぽう 電報 전보
- てんらんかい 展覧会 전람회
- でんわ 電話 전화
- と 戸 ① 대문 ② 문
- ドア 도어, 문
- トイレ 화장실
- どうぐ 道具 도구

□ どうぶつ 動物 동물	□ にく 肉 살, 고기
□ どうぶつえん 動物園 동물원	□ にし 西 서쪽
□ とお 十 10, 십, 열	□ にちようび 日曜日 일요일
□ とおか 十日 10일, 십일	□ にっき 日記 일기
□ とおく 遠く 먼 곳	□ にもつ 荷物 ① 짐 ② 부담
□ とおり 通り 길, 도로	□ にゅういん(する) 入院(する) 입원(하다)
□ とき 時 때	□ にゅうがく(する) 入学(する) 입학(하다)
□ とけい 時計 시계	□ ニュース 뉴스, 소식
□ とこや 床屋 이발소	□ にわ 庭 정원, 뜰
□ ところ 所 곳, 장소, 위치	□ にんぎょう 人形 인형
□ とし 年 ① 년, 해 ② 나이	□ ネクタイ 넥타이
□ としょかん 図書館 도서관	□ ねこ 猫 고양이
□ とちゅう 途中 도중	□ ねだん 値段 값
□ とっきゅう 特急 특급	□ ねつ 熱 열
□ となり 隣 이웃, 옆	□ ねっしん 熱心 열심
□ ともだち 友達 친구	□ ねぼう 寝坊 늦잠을 잠, 잠꾸러기
□ どようび 土曜日 토요일	□ ノート 노트, 공책
□ とり 鳥 새, 닭	□ のど 喉 목
□ とりにく 鶏肉 닭고기	□ のみもの 飲み物 마실 것, 음료
□ どろぼう 泥棒 도둑, 도둑질	□ のりもの 乗り物 탈 것, 승용물
□ ナイフ 칼	□ は 歯 이, 이빨
□ なか 中 가운데, 안쪽, 중간	□ ばあい 場合 경우, 사정, 형편
□ なつ 夏 여름	□ パーティー 파티
□ なつやすみ 夏休み 여름방학, 여름휴가	□ パート(タイム) 파트(타임)
□ ななつ 七つ 일곱	□ ばい 倍 배, 곱절
□ なのか 七日 7일	□ はいけん(する) 拝見(する) 배견, 삼가 봄
□ なまえ 名前 이름	□ はいざら 灰皿 재떨이
□ におい 匂い 냄새	□ はいしゃ 歯医者 치과의사

□ はがき 葉書 엽서

□ はこ 箱 상자

□ はし 橋 다리

□ はし 端 ① 끝, 가장자리, 말단 ② 처음, 선단

□ はじめ 初め 처음, 시작

□ ばしょ 場所 장소

□ バス 버스

□ バター 버터

□ はたち 二十歳 스무 살

□ はつおん 発音 발음

□ はつか 二十日 20일

□ はな 花 꽃

□ はなし 話 ① 이야기 ② 소문

□ はなみ 花見 꽃구경

□ パパ 파파, 아빠

□ はは 母 어머니

□ はやし 林 숲

□ はる 春 봄

□ はれ 晴れ 맑음

□ パン 빵

□ ばん 晩 밤

□ はん 半 절반

□ ハンカチ 손수건

□ ばんぐみ 番組 (방송 등의) 프로그램

□ ばんごう 番号 번호

□ ばんごはん 晩御飯 저녁밥

□ はんたい(する) 反対(する) 반대(하다)

□ ハンバーグ 햄버거

□ はんぶん 半分 반, 절반

□ ひ 日 태양, 해

□ ひ 火 불

□ ピアノ 피아노

□ ひがし 東 동쪽

□ ひかり 光 빛

□ ひきだし 引き出し 서랍

□ ひげ 수염

□ ひこうき 飛行機 비행기

□ ひこうじょう 飛行場 비행장

□ びじゅつかん 美術館 미술관

□ ひだり 左 왼쪽

□ ひつよう 必要 필요

□ ひと 人 사람

□ ひとつ 一つ 하나

□ ひとつき 一月 한 달

□ ひとり 一人 ① 한 사람, 1명 ② 혼자

□ ひゃく 百 100, 백

□ びょういん 病院 병원

□ ビル 빌딩

□ ひるま 昼間 낮 동안

□ ひるやすみ 昼休み 점심시간

□ ふうとう 封筒 봉투

□ プール 수영장

□ フォーク 포크

□ ふく 服 옷, 의복

□ ふくざつ 複雑 복잡

□ ふくしゅう 復習 복습

- ふたつ 二つ 둘
- ぶたにく 豚肉 돼지고기
- ふたり 二人 두 사람
- ぶちょう 部長 부장
- ふつう 普通 보통
- ふつか 二日 2일
- ぶどう 葡萄 포도
- ふとん 布団 이불
- ふね 舟(船 배, 선박
- ふゆ 冬 겨울
- プレゼント 프레젠트, 선물
- ふろ 風呂 ① 목욕 ② 욕조
- ぶんか 文化 문화
- ぶんがく 文学 문학
- ぶんしょう 文章 문장
- ぶんぽう 文法 문법
- ページ 페이지, 쪽
- べつ 別 ① 구별, 차별 ② 다른, 다름
- ペット 애완용 동물
- へや 部屋 방
- ベル 벨, 종
- ペン 펜
- へん 辺 부근
- べんきょう(する) 勉強(する) 공부(하다)
- へんじ(する) 返事(する) 대답, 회답(하다)
- ぼうえき 貿易 무역
- ぼうし 帽子 모자
- ほうそう(する) 放送(する) 방송(하다)
- ほうりつ 法律 법률
- ボールペン 볼펜
- ほか 他(外) ① 다른 것 ② 그 이외
- ぼく 僕 남자가 자기를 일컫는 말, 나
- ポケット 포켓, 호주머니
- ほし 星 별
- ポスト 포스트 ① 우편함, 우체통 ② 지위
- ボタン 단추, 버튼
- ホテル 호텔
- ほど 程 정도
- ほん 本 책
- ほんだな 本棚 책장
- ほんとう 本当 진실, 정말
- ほんやく(する) 翻訳(する) 번역(하다)
- まいあさ 毎朝 매일 아침
- まいげつ 毎月 매달, 매월
- まいしゅう 毎週 매주
- まいとし 毎年 매해
- まいにち 毎日 매일
- まいねん 毎年 매년
- まいばん 毎晩 매일 밤
- まえ 前 앞
- まど 窓 창, 창문
- まん 万 만
- まんが 漫画 만화
- まんなか 真ん中 한가운데, 한복판
- まんねんひつ 万年筆 만년필
- みぎ 右 오른쪽

- みず 水 물
- みずうみ 湖 호수
- みせ 店 가게, 상점
- みそ 味噌 된장
- みち 道 길
- みっか 三日 3일
- みっつ 三つ 셋
- みどり 緑 녹색, 초록색
- みな 皆 모두, 전부
- みなさん 皆さん 여러분
- みなと 港 항구
- みなみ 南 남쪽
- みみ 耳 귀
- みんな 皆 모두, 전부
- むいか 六日 6일
- むかし 昔 옛날
- むこう 向う 맞은 편
- むし 虫 벌레, 곤충
- むすこ(さん) 息子(さん) 아들(아드님)
- むすめ(さん) 娘(さん) 딸(따님)
- むっつ 六つ 여섯
- むら 村 마을, 촌락
- め 目 눈
- めがね 眼鏡 안경
- もくようび 木曜日 목요일
- もっと 더, 더욱
- もの 物 물건, 것
- もめん 木綿 목면, 솜

- もり 森 숲
- もん 門 대문, 문
- やおや 八百屋 채소가게, 또 그 장수
- やくそく(する) 約束(する) 약속(하다)
- やさい 野菜 야채, 채소
- やすみ 休み 쉼, 휴일, 휴가, 휴일
- やっつ 八つ 여덟
- やま 山 산
- ゆ 湯 ① 더운 물 ② 목욕물, 목욕탕
- ゆうがた 夕方 저녁때
- ゆうはん 夕飯 저녁밥
- ゆうびんきょく 郵便局 우체국
- ゆうべ 夕べ ① 저녁 때, 해질녘 ② 어젯밤
- ゆき 雪 눈
- ゆしゅつ(する) 輸出(する) 수출(하다)
- ゆにゅう(する) 輸入(する) 수입(하다)
- ゆび 指 손가락
- ゆびわ 指輪 반지
- ゆめ 夢 꿈
- よう 用 용무, 볼일, 일
- よう 様 ① 모양, 형태 ② 방법, 수단
- ようい(する) 用意(する) 준비(하다)
- ようか 八日 8일
- ようじ 用事 용건, 볼일
- ようふく 洋服 양복
- よこ 横 옆, 가로
- よしゅう 予習 예습
- よっか 四日 4일

- よっつ 四つ 네 개
- よてい 予定 예정
- よやく 予約 예약
- よる 夜 밤
- らいげつ 来月 다음 달, 내달
- らいしゅう 来週 다음 주, 내주
- らいねん 来年 다음 해, 내년
- ラジオ 라디오
- ラジカセ 라디오카세트
- りゆう 理由 이유, 까닭
- りゅうがくせい 留学生 유학생
- りよう(する) 利用(する) 이용(하다)
- りょうしん 両親 양친, 부모
- りょうほう 両方 양쪽
- りょうり 料理 요리
- りょかん 旅館 여관
- るす 留守 부재(不在)
- れい 零 영, 제로
- れいぞうこ 冷蔵庫 냉장고
- れいほう 冷房 냉방
- れきし 歴史 역사
- レコード 레코드
- レストラン 레스토랑
- レポート 리포트
- れんらく(する) 連絡(する) 연락(하다)
- ろうか 廊下 복도
- ワイシャツ 와이셔츠
- わけ 訳 ① 의미, 뜻 ② 이유

- わすれもの 忘れ物 잊은 물건
- わたくし 私 나, 저
- わたし 私 나, 저

형용사 形容詞

- あおい 青い 파랗다, 푸르다
- あかい 赤い 빨갛다, 붉다
- あかるい 明るい 밝다, 명랑하다
- あさい 浅い 얕다
- あたたかい 暖(温)かい 따뜻하다
- あたらしい 新しい 새롭다
- あつい 暑い 덥다
- あつい 熱い 뜨겁다
- あつい 厚い 두껍다
- あぶない 危ない 위험하다, 위태롭다
- あまい 甘い (맛이) 달다, 싱겁다
- いい(よい) 良い 좋다
- いそがしい 忙しい 바쁘다
- いたい 痛い 아프다
- うすい 薄い ① 얇다 ② (색, 빛, 맛 등이) 약하다
- うつくしい 美しい 아름답다
- うまい ① 맛있다 ② 솜씨가 좋다
- うるさい 煩い ① 시끄럽다 ② 번거롭다, 귀찮다
- うれしい 嬉しい 즐겁고 기쁘다
- おいしい 美味しい 맛있다
- おおきい 大きい 크다
- おかしい 可笑しい 우습다, 이상하다
- おそい 遅い 늦다

▫ **おもい** 重い 무겁다

▫ **おもしろい** 面白い ①재미있다

▫ **かたい** 固/堅/硬い ① 단단하다 ② 엄격하다
　③ 실하다

▫ **かなしい** 悲しい 슬프다

▫ **からい** 辛い 맵다

▫ **かるい** 軽い 가볍다

▫ **かわいい** 可愛い 귀엽다

▫ **きいろい** 黄色い 노랗다

▫ **きたない** 汚い 더럽다

▫ **きびしい** 厳しい 엄숙하다, 엄격하다

▫ **くろい** 黒い 검다

▫ **こまかい** 細かい 자세하다

▫ **こわい** 怖い 무섭다

▫ **さびしい** 寂しい 쓸쓸하다, 외롭다

▫ **さむい** 寒い 춥다, 차다

▫ **しろい** 白い 희다

▫ **すくない** 少ない 적다

▫ **すごい** ① 무섭다 ② 굉장하다

▫ **すずしい** 涼しい 시원하다

▫ **すばらしい** 素晴らしい 훌륭하다, 멋있다

▫ **たかい** 高い 높다, (값이) 비싸다, (키가) 크다

▫ **ただしい** 正しい 옳다, 바르다

▫ **ちいさい** 小さい 작다, 어리다

▫ **ちかい** 近い 가깝다

▫ **つまらない** 재미없다, 보잘 것 없다

▫ **つめたい** 冷たい ① 차다 ② 냉담하다

▫ **つよい** 強い 강하다

▫ **とおい** 遠い 멀다

▫ **ない** 無い 없다

▫ **ながい** 長い 길다

▫ **にがい** 苦い ① 쓰다 ② 괴롭다

▫ **ぬるい** 温い 미지근하다

▫ **はずかしい** 恥ずかしい 부끄럽다

▫ **はやい** 速い (동작이나 속도가) 빠르다

▫ **はやい** 早い (시간적으로) 이르다, 빠르다

▫ **ひくい** 低い 낮다

▫ **ひどい** 심하다

▫ **ひろい** 広い 넓다

▫ **ふかい** 深い 깊다

▫ **ふとい** 太い ① 굵다 ② 뚱뚱하다

▫ **ふるい** 古い 낡다, 오래되다

▫ **ほしい** 欲しい 탐나다, 가지고 싶다

▫ **ほそい** 細い ① 가늘다 ② 좁다

▫ **まずい** ① 맛이 없다 ② 서투르다

▫ **まるい** 丸(円)い ① 둥글다 ② 원만하다

▫ **むずかしい** 難しい 어렵다

▫ **めずらしい** 珍しい 드물다, 희귀하다

▫ **やさしい** 易しい 쉽다, 간단하다

▫ **やさしい** 優しい 상냥하다

▫ **やすい** 安い (값이) 싸다

▫ **やわらかい** 柔らかい 부드럽다, 연하다

▫ **よろしい** 宜しい 좋다

▫ **よわい** 弱い 약하다

▫ **わかい** 若い 젊다

▫ **わるい** 悪い 나쁘다

- いや 嫌 싫음, 좋아하지(하고 싶지) 않음
- おおきな 大きな 큰, 커다란
- おなじ 同じ 같은, 같음
- きけん 危険 위험, 위태함
- きらい 嫌い 마음에 들지 않음, 싫음
- きれい 綺麗 ① 아름다운 모양, 예쁨 ② 깨끗하고 맑은 모양, 깨끗함
- げんき 元気 건강한 모양
- ざんねん 残念 마음에 아까움을 느낌
- しずか 静か 조용한 모양
- じょうず 上手 하는 일이 능숙함
- じょうぶ 丈夫 건강함, 튼튼함, 단단함
- すき 好き 좋아함
- だいじ 大事 소중함
- だいじょうぶ 大丈夫 걱정없음, 괜찮음
- だいすき 大好き 무척 좋아함
- たいせつ 大切 중요함
- たいへん 大変 ① 대단함 ② 힘듦
- たしか 確か 확실함, 틀림없음
- ちいさな 小さな 작은, 조그만
- てきとう 適当 적당
- とくべつ 特別 특별함
- にぎやか 賑やか 번화한 모양
- ひさしぶり 久しぶり 오래간만
- ひま 暇 한가함
- ふべん 不便 불편
- へた 下手 서투름

- へん 変 이상함, 보통이 아님
- べんり 便利 편리
- まじめ 真面目 ① 진지함 ② 성실함
- まっすぐ 真っ直ぐ ① 똑바름 ② 곧장
- むり 無理 무리
- ゆうめい 有名 유명
- りっぱ 立派 뛰어남, 훌륭함

- あう 会う 만나다
- あう 合う 합쳐지다, 꼭 맞다, 어울리다
- あがる 上がる 오르다
- あく 開く 열리다
- あく 空く 비다
- あげる 올리다
- あける 開ける 열다
- あげる 上げる 올리다, 올려놓다
- あつまる 集まる 모이다
- あつめる 集める 모으다
- あびる 浴びる ① 물을 끼얹다 ② 햇볕을 쬐다
- あやまる 謝る 사과하다, 사죄하다
- あらう 洗う 씻다, 빨다
- ある 있다
- あるく 歩く 걷다, 걸어가다
- いう 言う 말하다
- いきる 生きる 살다
- いく(ゆく) 行く 가다
- いじめる 苛める 학대하다, 괴롭히다

247

- いそぐ 急ぐ 서두르다
- いたす 致す ① 이르게 하다, 보내다 ② 드리다
- いのる 祈る 기도하다, 빌다
- いらっしゃる 가시다, 오시다, 계시다
- いる 居る (사람 동물 등이) 있다
- いる 要る 필요하다, (비용이) 들다
- いれる 入れる ① 넣다 ② 들어가게 하다
- うえる 植える (식물을) 심다
- うかがう 伺う 듣다·묻다의 겸사말
- うかがう 伺う 찾다·방문하다의 겸사말
- うける 受ける ① 받다 ② 맡다
- うごく 動く 움직이다
- うたう 歌う 노래를 부르다
- うつ 打つ 치다, 때리다
- うつす 写す ① 모사하다 ② (사진을) 찍다
- うつる 移る 위치를 옮기다
- うまれる 生まれる 태어나다
- うる 売る 팔다
- えらぶ 選ぶ 고르다, 선택하다
- おきる 起きる ① 일어나다 ② 발생하다
- おく 置く (물건을) 놓다, 놓아두다
- おくる 送る (물건을) 부치다, 보내다
- おくれる 遅れる 늦어지다
- おこす 起こす 일으키다
- おこなう 行う (일을) 행하다, 행동하다
- おこる 怒る 성내다, 노하다
- おしえる 教える ① 가르치다 ② 알려주다
- おす 押す ① 밀다 ② 누르다
- おちる 落ちる 떨어지다
- おっしゃる 말씀하시다
- おとす 落とす 떨어뜨리다
- おどる 踊る 춤추다
- おどろく 驚く 놀라다
- おもいだす 思い出す 생각해내다
- おもう 思う 생각하다
- およぐ 泳ぐ 헤엄치다
- おりる 降りる 내리다
- おりる 下りる (위에서 아래로) 내리다
- おる いる(있다)의 겸양어
- おる 折る ① 꺾다 ② 접다
- おれる 折れる ① 꺾이다 ② 접히다
- おわる 終わる 끝나다
- かう 買う (물건을) 사다
- かえす 返す (원 상태로) 돌이키다, 돌려주다
- かえる 変える 변화시키다
- かえる 帰る 돌아오다, 돌아가다
- かかる 掛かる ① 걸리다 ② 걸쳐지다
- かく 書く ① (글을) 쓰다 ② (그림을) 그리다
- かける 掛ける ① 걸다 ② (의자에) 걸터앉다
- かざる 飾る 장식하다, 꾸미다
- かす 貸す 빌려주다
- かたづける 片付ける 정리하다
- かぶる 被る (모자를) 쓰다
- かまう 構う 상관하다
- かむ ① 물다, 깨물다 ② 씹다
- かよう 通う ① 다니다 ② 통하다

- かりる 借りる (금품을) 빌다
- かわく 乾く 마르다
- かわる 変わる 변화하다
- かんがえる 考える 생각하다
- がんばる 頑張る 힘내다, 분발하다
- きえる 消える 불이 꺼지다
- きく 聞く ① 듣다 ② 묻다
- きこえる 聞こえる 들리다
- きまる 決まる 정해지다, 결정되다
- きめる 決める 결정하다, 결심하다
- きる 切る (칼로) 자르다, 상처 내다
- きる 着る (옷을) 입다
- くださる 下さる 주시다
- くもる 曇る 흐려지다, 흐리다
- くらべる 比べる 비교하다
- くる 来る 오다
- くれる (사람에게 물건을) 주다
- くれる 暮れる 저물다
- けす 消す 끄다, 없애다
- こたえる 答える 대답하다
- こまる 困る 곤란하다, 난처하다
- こむ 混(込む) 가득 차다, 붐비다
- こわす 壊す 부수다
- こわれる 壊れる 부서지다
- さがす 探す(捜す) 찾다
- さがる 下がる 내려가다
- さく 咲く (꽃이) 피다
- さげる 下げる 내리다

- さしあげる 差し上げる 드리다
- さす 差す ① 비치다 ② (우산을) 쓰다
- さわぐ 騒ぐ 떠들어대다
- さわる 触る 만지다, 건드리다, 닿다
- しかる 叱る 꾸짖다, 화내다
- しぬ 死ぬ 죽다
- しまる 閉る (문 등이) 닫히다
- しめる 締める ① 매다 ② 조르다
- しめる 閉める (문 따위를) 닫다
- しらべる 調べる 조사하다
- しる 知る 알다, 이해하다
- すう 吸う 들이마시다, 빨아들이다
- すぎる 過ぎる ① 지나다, ② (때가) 지나다
- すく (배가) 고프다
- すすむ 進む ① 나아가다 ② 진척하다
- すてる 捨てる 버리다
- すべる 滑る 미끄러지다
- すむ 住む 살다, 거주하다
- すむ 済む 끝나다, 마치다
- する 為る 하다
- すわる 座る 앉다
- そだてる 育てる 자라게 하다, 기르다
- たおれる 倒れる 쓰러지다, 넘어지다
- たす 足す ① 보태다, 채우다 ② 더하다
- だす 出す ① 밖으로 내다 ② 내밀다
- たずねる 訪ねる 방문하다, 찾다
- たずねる 尋ねる 묻다, 여쭙다
- たつ 立つ 서다

◦ たてる 建てる (건물을) 짓다, 세우다

◦ たてる 立てる 세우다

◦ たのしむ 楽しむ 즐기다, 즐겁게 보내다

◦ たべる 食べる 먹다

◦ たりる 足りる 족하다, 충분하다

◦ ちがう 違う 틀리다, 다르다

◦ つかう 使う 쓰다, 사용하다

◦ つかれる 疲れる 기력이 쇠하다, 지치다

◦ つく 点く 불이 켜지다

◦ つく 着く 닿다, 도착하다다

◦ つくる 作る 만들다

◦ つける 付ける ① 붙이다 ② 덧붙이다

◦ つける 点ける 불을 켜다

◦ つける 漬ける (김치를) 담그다

◦ つたえる 伝える 전하다

◦ つづく 続く 계속하다, 계속되다

◦ つづける 続ける 계속하다

◦ つつむ 包む 싸다

◦ つとめる 勤める 근무하다

◦ つる 釣る 낚다

◦ つれる 連れる 데리고 가다(오다)

◦ でかける 出かける ① 외출하다

◦ できる 出来る 할 수 있다

◦ てつだう 手伝う (남의 일을) 돕다

◦ でる 出る 나오다

◦ とおる 通る 지나가다

◦ とどける 届ける ① 보내다 ② 신고하다

◦ とぶ 飛ぶ 날다

◦ とまる 泊まる 묵다, 숙박하다

◦ とまる 止まる 멈추다, 그치다

◦ とめる 止める 멈추다

◦ とりかえる 取り替える 바꾸다

◦ とる 取る ① 쥐다, 잡다 ② 제거하다, 뽑다

◦ なおす 直す 고치다

◦ なおる 直る 고쳐지다

◦ なおる 治る (병이) 낫다

◦ なく 鳴く (새 짐승 벌레 따위가) 울다

◦ なく 泣く 울다

◦ なくす 無くす 잃다, 없애다

◦ なくなる 亡くなる 죽다, 돌아가다

◦ なくなる 無くなる 없어지다

◦ なげる 投げる 던지다

◦ なさる 하시다

◦ ならう 習う 배우다

◦ ならぶ 並ぶ 줄을 서다, 늘어서다

◦ ならべる 並べる 한 줄로 늘어놓다

◦ なる 成る ① 변화하다 ② ~이 되다

◦ にげる 逃げる 도망가다

◦ にる 似る 닮다

◦ ぬぐ 脱ぐ 벗다

◦ ぬすむ 盗む 훔치

◦ ぬる 塗る 칠하다

◦ ぬれる 濡れる (물에) 젖다, 적셔지다

◦ ねむる 眠る 잠이 들다, 자다

◦ ねる 寝る 자다

◦ のこる 残る 남다

- のぼる 登る (높은 곳에) 올라가다, 오르다
- のむ 飲む 마시다
- のりかえる 乗り換える 갈아타다
- のる 乗る 타다
- はいる 入る 들어가다, 들어오다
- はく 履(穿)く (구두 등을) 신다, (바지를) 입다
- はこぶ 運ぶ 운반하다, 나르다
- はじまる 始まる 시작되다
- はじめる 始める 시작하다
- はしる 走る 달리다
- はなす 話す 이야기하다
- はらう 払う 지불하다
- はる 張る 뻗다, 펴다
- はる 貼る 바르다, 붙이다
- はれる 晴れる (날씨가) 개다
- ひえる 冷える 차가와지다
- ひかる 光る 빛나다
- ひく 引く ① 끌다 ② 끌어들이다 ③ 빼다
- ひく 弾く (피아노를) 치다
- びっくりする 깜짝 놀라다
- ひっこす 引っ越す 이사하다
- ひらく 開く ① 열리다, 펼치다 ② 열다
- ひろう 拾う 줍다, 습득하다
- ふえる 増(殖)える 많아지다, 불어나다
- ふく 吹く ① (바람이) 불다 ② 입으로 불다
- ふとる 太る 살찌다, 붙다
- ふむ 踏む 밟다, 딛다
- ふる 降る (비, 눈이) 내리다

- ほめる 褒める 칭찬하다
- まいる 参る 行く(가다) 来る(오다)의 겸양어
- まがる 曲がる 구부러지다
- まける 負ける 지다, 패배하다
- まちがえる 間違える 틀리다, 잘못되다
- まつ 待つ 기다리다
- まにあう 間に合う ① 급할 때 소용이 되다 ② 시간에 맞게 가다
- まわる 回る 돌다
- みえる 見える 보이다
- みがく 磨く 닦다
- みせる 見せる 남에게 보이다
- みつかる 見付かる 들키다, 발견되다
- みつける 見付ける 찾아내다, 발견하다
- みる 見る 보다
- むかう 向かう 향하다, 가다
- むかえる 迎える 마중하다
- めしあがる 召し上がる 드시다
- もうしあげる 申し上げる 말씀드리다, 여쭙다
- もうす 申す 言う(말하다)의 겸손한 말
- もどる 戻る 되돌아가(오)다
- もらう 貰う 받다, 얻다
- やく 焼く ① 태우다 ② 굽다
- やくだつ 役立つ 유용하다, 쓸모가 있다
- やける 焼ける 타다
- やすむ 休む 쉬다
- やせる 痩せる 여위다, 살이 빠지다
- やむ 止む 그치다

□ やめる 止める 그만두다, 중지하다
□ やる (아랫사람에게) 주다
□ やる 하다
□ ゆれる 揺れる 흔들리다
□ よごれる 汚れる 더러워지다
□ よぶ 呼ぶ ① 외치다 ② 부르다
□ よむ 読む (책을) 읽다
□ よる 寄る ① 다가오다 ② 들르다
□ よろこぶ 喜(慶ぶ 기뻐하다
□ わかす 沸かす ① 끓이다 ② 데우다
□ わかる 分かる 알다, 이해하다
□ わかれる 別れる 헤어지다, 이별하다
□ わく 沸く 끓다, 뜨거워지다
□ わすれる 忘れる 잊다
□ わたす 渡す 건네다
□ わたる 渡る 건너다
□ わらう 笑う ① 웃다 ② 놀리다, 비웃다
□ われる 割れる ① 쪼개다 ② 갈라지다

부사 副詞

□ ああ 저렇게, 저처럼
□ あまり ① 너무, 지나치게 ② 그다지, 별로
□ いかが 어떻게
□ いちばん 가장, 제일
□ いっぱい 충분히, 많이, 가득
□ いつも 늘, 항상, 언제나
□ きっと 반드시, 꼭
□ きゅう(に) 急(に) 돌연히, 갑자기

□ けっこう 結構 충분히, 상당히, 꽤
□ けっして 決して 결코, 절대로, 단연코
□ こう 이처럼, 이와 같이
□ しっかり 확실히, 꽉, 단단히
□ しばらく ① 잠시 동안, 잠깐 ② 오래간만
□ じゅうぶん 十分 충분(히)
□ ずいぶん 随分 퍽, 몹시, 아주
□ すぐ(に) 곧, 즉시
□ すこし 少し 조금, 약간
□ すっかり 완전히, 모두
□ ずっと ① 훨씬 ② 쭉
□ ぜひ 是非 반드시, 꼭
□ ぜんぜん 全然 전혀, 조금도
□ そう 그렇게
□ それほど ① 그 정도, 그렇게 ② 그다지
□ そろそろ 서서히, 슬슬, 조용히
□ そんなに 그렇게, 그토록
□ だいたい 大体 대강, 대개
□ たいてい 大抵 대강, 대개, 대부분
□ だいぶ 꽤, 상당히, 어지간히
□ たくさん 沢山 많이, 많음
□ たとえ 가령, 설령, 비록
□ たとえば 例えば 예를 들면, 예컨대
□ たまに 드물게, 가끔, 때때로
□ だんだん 段々 점점, 차츰
□ ちっとも 조금도
□ ちょうど 마침, 꼭 알맞게
□ ちょっと 잠깐, 잠시

- どうして 어떻게, 왜
- どうぞ 아무쪼록, 부디, 제발
- とうとう 드디어, 결국, 마침내
- どうも ① 아무리 해도 ② 전혀, 도무지
- どう 어떻게
- ときどき 時々 때때로, 이따금, 가끔
- とくに 特に 특히, 특별히
- とても 매우, 대단히
- どんどん ① 착착, 술술 ② 계속해서, 잇따라
- なかなか ① 몹시, 제법, ② 좀처럼
- なぜ 왜, 어째서
- なるほど 成程 정말, 과연, 참으로
- はじめて 初めて 처음으로
- はっきり 똑똑히, 명확히, 확실히
- ひじょうに 非常に 매우, 몹시
- ほとんど ① 거의, 대부분 ② 하마터면
- まず 先ず 먼저, 우선
- まだ 未だ 아직(도)
- また 又 또, 다시
- もう ① 더, 이 이상 ② 벌써, 이미
- もし ① 만일, 만약 ② 혹시, 혹은
- もちろん 勿論 물론
- やっと 겨우, 간신히
- やはり(やっぱり) 역시, 과연
- ゆっくり(と) ① 천천히 ② 편히 쉬는 모양, 평안히 ③ 넉넉히, 충분히
- よく ① 자주 ② 잘, 훌륭하게
- わりあいに 割合に 비교적, 예상보다, 뜻밖에

대명사 代名詞

- あなた ① 당신 ② 저쪽
- かれ 彼 그, 그 사람, 그 남자(애인이나 남편인)
- かれら 彼等 그들, 그 사람들
- どなた 어느 분, 어느 쪽
- だれ 誰 누구
- なに(なん) 何 무엇
- いつ 언제

<지시>
- これ 이것
- それ 그것
- あれ 저것
- どれ 어느 쪽, 어느 것

<장소>
- ここ 여기, 이곳
- そこ 거기
- あそこ 저기, 저쪽
- どこ 어디, 어느 곳

<방향>
- こちら 이쪽, 여기
- そちら 저쪽
- あちら 저쪽
- どちら 어느 쪽, 어느 것

<장소/비격식>
- こっち 이쪽, 여기
- そっち 저쪽
- あっち 저쪽
- どっち 어느 쪽, 어느 것

253

일본한자의 신자체

일본은 1949년 당용한자의 자체(字体)를 만들어 글자의 점이나 획의 복잡함을 정리하여 그 표준을 정하였습니다. 이것을 신자체(新字体)라고도 하며, 약 500여자가 약자화(略字化) 또는 변형화(变形化), 증자화(增字化)되었습니다. 따라서 일본어 한자 표기는 반드시 일본에서 제정한 일본식 신자체를 써야 하며, 우리가 쓰고 있는 정자체(正字体)를 쓰면 안 됩니다.

주요 신자체(新字体) 왼쪽이 정자 오른쪽이 신자체						
假 ▪ 仮	單 ▪ 単	辯 ▪ 弁	專 ▪ 専
覺 ▪ 覚	斷 ▪ 断	寶 ▪ 宝	戰 ▪ 戦
擧 ▪ 挙	當 ▪ 当	佛 ▪ 仏	錢 ▪ 銭
檢 ▪ 検	黨 ▪ 党	拂 ▪ 払	轉 ▪ 転
劍 ▪ 剣	對 ▪ 対	澁 ▪ 渋	從 ▪ 従
經 ▪ 経	臺 ▪ 台	續 ▪ 続	晝 ▪ 昼
輕 ▪ 軽	圖 ▪ 図	實 ▪ 実	遲 ▪ 遅
繼 ▪ 続	燈 ▪ 灯	亞 ▪ 亜	參 ▪ 参
鷄 ▪ 鶏	藥 ▪ 薬	兒 ▪ 児	賤 ▪ 賎
關 ▪ 関	來 ▪ 来	嶽 ▪ 岳	鐵 ▪ 鉄
觀 ▪ 観	兩 ▪ 両	壓 ▪ 圧	廳 ▪ 庁
廣 ▪ 広	歷 ▪ 歴	樂 ▪ 楽	體 ▪ 体
敎 ▪ 教	戀 ▪ 恋	與 ▪ 与	總 ▪ 総
區 ▪ 区	禮 ▪ 礼	驛 ▪ 駅	醉 ▪ 酔
殿 ▪ 殴	勞 ▪ 労	榮 ▪ 栄	齒 ▪ 歯
國 ▪ 国	綠 ▪ 緑	藝 ▪ 芸	寢 ▪ 寝
勸 ▪ 勧	龍 ▪ 竜	譽 ▪ 誉	學 ▪ 学
氣 ▪ 気	萬 ▪ 万	醫 ▪ 医	漢 ▪ 漢
惱 ▪ 悩	賣 ▪ 売	雜 ▪ 雑	歡 ▪ 歓
腦 ▪ 脳	發 ▪ 発	將 ▪ 将	劃 ▪ 画